神奇的爱

——魔术师父女的魔力传奇

邝健雄 /著

北京日报出版社

图书在版编目（CIP）数据

神奇的爱：魔术师父女的魔力传奇 / 邝健雄著 . --北京：北京日报出版社，2018.12

ISBN 978-7-5477-3114-7

Ⅰ . ①神… Ⅱ . ①邝… Ⅲ . ①纪实文学—中国—当代 Ⅳ . ① I25

中国版本图书馆 CIP 数据核字（2018）第 183009 号

出版发行： 北京日报出版社
地　　址： 北京市东城区东单三条 8-16 号东方广场东配楼四层
邮　　编： 100005
电　　话： 发行部：（010）65255876
总编室：（010）65252135
印　　刷： 福建省天一屏山印务有限公司
经　　销： 各地新华书店
版　　次： 2018 年 11 月第 1 版
2018 年 11 月第 1 次印刷
开　　本： 889 毫米 ×1194 毫米　1/32
印　　张： 5
字　　数： 80 千字
定　　价： 42.00 元

谨将此书献给我最爱的家人！

谢谢他们长年累月支持我的公益事业和魔术事业，
尤其是妻子Nina，没有她，就没有今天的我。

前排左起依次为外孙Isaac、大女儿Priscilla（魔术师）、妻子Nina、作者；
后排左起依次为小儿子Daniel、二女儿Michelle、大儿子Anthony。

名家推荐

邝老师的魔术，不仅仅只是魔术，更包含了对生命的意义和生活态度的理解！它让人们相信奇迹的存在，给人带来温暖。这完全已超越了魔术本身。

在此书中，邝老师曾提到“眼见未必为实”这句耳熟能详的人生哲理。魔术的障眼法如此，也提醒我们在生活中，很多事情不能只看表象，需要跳脱自我，超越世俗眼中的是非对错，才能捍卫真正重要的价值与真理。

每一位伟大的魔术师，都是世间的造梦者，他们带给人们灵感，带给人们希望。邝老师的魔术源于内心的感动，并让我们深入地触及到快乐的源头，是源于永恒的爱。

——著名歌手、《超级女声》评委　柯以敏

Lawrence and Priscilla are recognised all over the world as some of the top illusionist of our age.

Their ability to captivate an audience is awesome. Above all they are modern messengers of hope in a troubled world.

Together they are a dynamic force of inspiration and have overcome many of life's major challenges by committing their efforts to the power of faith, love and healing.

Their story is a message of hope for all of us.

邝健雄和保恩是世界公认的当代顶级魔术师。

他们的每一场演出都能让观众惊喜连连。更重要的是，他们在这乱世中为人类带来盼望的信息。

透过信心、爱心和医治所给予的力量，他们克服了生命中许多重大的挑战，成为启发人类的一股动力。

他们的故事就是一则盼望的信息。

——杰夫·麦克布莱德

杰夫·麦克布莱德简介

Jeff McBride is a Las Vegas headlining magician and television personality.

Jeff was recently awarded "the theory and philosophy award" from the World Championships of Magic. He is a three time Guinness World Record holder and lives in Las Vegas where he runs the world's most prestigious magic school.

杰夫·麦克布莱德（Jeff McBride）是拉斯维加斯著名的魔术大师和电视艺人。

杰夫最近在世界魔术锦标赛中荣获“哲学理论奖”。他也是三次健力士世界纪录保持者，目前居住在拉斯维加斯，经营全世界最负盛名的魔术学校。

"Lawrence is not just a highly acclaimed illusionist reputed for producing the most spectacular magic shows at international standard, he is the first social entrepreneur who mooted the idea of using magic as a language of sign to bring smile and love to the less privileged and the community. Through Project SMILE he pioneered, thousands of his students have volunteered their performances at welfare homes and charity events locally as well as overseas."

——Mr Nah Juay Hng, Chairman of Chingay Parade

邝健雄是一位备受好评的魔术师，他因制作多部拥有国际水平的精彩魔术演出而闻名。此外，他也是第一位提出以魔术为言语，将欢笑和爱传递给社区和弱势群体的社会企业家。通过他所发起的"欢乐魔术"(Project SMILE)，他的数千名学徒在本地和海外的福利机构和慈善活动中自愿参与演出。

——蓝锐勋先生，妆艺执行委员会主席

"I met Lawrence and Priscilla Khong in the United States when they were touring with their amazing show. After seeing their show, I must say they are original, very entertaining and very mystifying."

——Mr.Tony Hassini, founder International Magicians Society

我在美国遇见健雄和保恩，他们当时正在进行精彩的巡回演出。在观赏了他们的演出后，我得说他们的演出是原创的，富有娱乐性和神秘感。

——东尼·哈辛尼先生，国际魔术师协会创办人

"Lawrence is constantly moving forward, growing never content to rest on his accomplishments. Instead he channels and propels that momentum to further accomplishments in Magic and whatever he does."

—— Johnny Thompson, Magic Consultant to Penn & Teller: Fool Us

健雄不断地向前迈进，从不满足于他所达到的成就。相反的，他鞭策自己要在魔术方面，以及他所做的一切达到更高峰。

——约翰尼·汤普森先生，Penn & Teller: Fool Us 魔术节目的魔术顾问

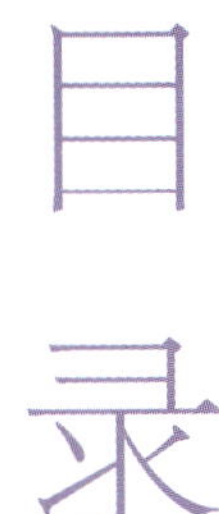

目录

第二幕
从对立冲突中，学习爱的功课

第三幕
从台上的疗愈，到台下的和解

SAWING
A MAN

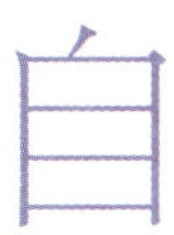

自序

魔术，是一门磨炼人生的艺术

魔术究竟是一个骗术，还是一门艺术？

曾经有人打趣地说，魔术师是世界上最诚实的人，因为他说要骗你，接下来真的会骗你，不像社会上的有些人，口口声声要你相信他，却谎话连篇，还不承认。因此，魔术师反而让人感觉比较真实。

想一想，这样的论点还颇有点道理吧？

就我个人而言，十岁开始接触魔术，五十岁首度以专业魔术师之姿站上国际表演舞台。若要总结数十年来的亲身体悟，我会说，魔术不只是一种幻术，一项公认的表演艺术，更是一门磨炼人生的艺术。

首先分享，魔术让我懂得了一个人生哲理就是：“眼见未必为实（Things are never what they seem）”。

我不确定是不是每个人都知道，其实魔术从头到尾都不曾，也无法让任何东西从这个世界上消失。那些把巨大雕像变不见的魔术，也只不过是利用人们视觉和认知限制，并结合其他，如灯光、道具的搭配来营造出的消失假象。

换句话说，魔术完全颠覆了什么是存在、什么是不存在的定义。因为所谓的存在与否，已非单纯用肉眼就能分辨。魔术师深谙其局限性，并且懂得运用超越人们视觉和思维的手法，因此能够在舞台上营造出神奇的效果，为人们带来惊喜，此技法被称之为“魔术”。

正因“看不见的未必不存在，存在的也未必看得见”，一直以来我都很希望，人们在观赏魔术的过程中，除了得到基本的娱乐效果，也能借此重新去检视自己的生命中究竟何为真实？何为存在？如此便可能颠覆限制自我的旧思维和旧观点，让人们对人，对事，对物，乃至对这个世界都会有新的认知。

“眼见未必为实”这个人生哲理，使我认识到很多事情不能只看表象，也因此使我更勇于超越世俗眼中的是非对错，致力捍卫真正重要的价值！

以大女儿 Priscilla 十多年前未婚怀孕的事情为例，我犹记得，当她鼓起勇气向我和我的妻子 Nina 坦承怀孕的消息时，当下 Nina 哭了，我气炸了。但历经一夜的沉淀和思考，我们仍然决定无条件接纳 Priscilla 和她肚子里的孩子，并且告诉她，无论曾经做错什么事，身为父母的我们都会永远爱她！

我也不否认，无论是以道德或真理角度视之，未婚怀孕本不适合。但因 Nina 当时说的一句，“世界上没有不合法的孩子，只有不合法的父母”，我马上就超越了事件表象，体察到背后真正重要的价值是“肚子里的孩子是无辜的”，而后便决心为这个价值捍卫到底——即使必须付上极大的名誉代价。

“魔术”这个表演场，亦是我和Priscilla各自的生命磨炼场。十多年来，我们共同参与魔术剧目创作和演出的过程中。慢慢地，我被磨成了“better father”，Priscilla也被磨成了“better daughter”。

Priscilla就读中学时，正好是我最忙的时候。我经常应邀到世界各地从事公益演说，每个月在家的时间平均只有几天。成长过程少了父亲陪伴，已经让她难以谅解，加上高中毕业后她担任我的助手，每天长达十几个小时的相处，以及对表演的意见不同，更是加深了我们之间的紧张，时不时我们就会上演冲突对立的场面。

但正因为深爱Priscilla，才会爱之深、责之切。我多么希望对于魔术表演专业，她可以更快地独当一面；对于人生的经营，可以更懂得要建立在正确的价值基础上。但无奈年龄差致使我们之间的观念悬殊，教导过程中常让我感到挫败，一度不知道该如何更称职地扮演好父亲角色。

后来，经由同台演出的机会，让我们父女俩有了另类的沟通渠道。尤其是先后历经《神奇的爱》和《视·界》这两个主打父女情的剧目演出，不仅让好强的Priscilla和我得以通过诠释剧情，有了更多真实的内心对话，而且一场场巡回表演下来，也让我们的关系因戏剧得以疗愈，逐渐走向和解。

有鉴于当今许多社会问题，究其根本，皆是来自于家庭价值的崩坏。再加上，我当初之所以从公益事业转进娱乐圈，就是希望可以成为一股清流，将正向的影响力从娱乐圈扩散至整个社会。

因此，未来我和Priscilla都自许要继续以一个个精彩剧目，像《神奇的爱》《视·界》等，散播更多正确的家庭价值观，让世界各地的观众们在观赏我们的精彩表演之余，愿意主动修复与家人的关系，或者是变得与家人更加同心，一起为提升正向社会风气而努力。

另外，《神奇生日会》所传递出的“信心、盼望、爱”，亦是我希望通过魔术结合演说的表演方式，送给观众的三个生日礼物，借此陪伴大家走过生命中的低谷，重拾对生命的热情。

最后，回到出版这本书的想法。

如同在书中所提，自从父亲在我十岁那年突然过世，所谓的“童年”便与我渐行渐远……直到某日，见识到生命中的第一个魔术，惊喜之余，我也开始通过表演魔术得到很多单纯的快乐和满足，才终于重拾了对人生的信心。

这一路走来并不容易。我希望通过这本书激励读者朋友的是，像我这样一个曾经如此软弱的人，都能靠着自身努力和老天爷的恩典慢慢爬起来，刚强壮胆，并且持续通过做公益和表演魔术的方式，将爱传递出去……

我都可以做到，相信你也一定可以勇敢圆梦——圆一个成就自己，也造福他人和社会的梦！

关注邝老师更多精彩

很久以前，有一个小男孩，名叫 Lawrence。

十岁那年，在毫无预警的情况下，他失去了挚爱的父亲。原先犹如活在欢笑乐园的日子，瞬间充满了苦调。当旋转木马的马儿失去奔跑能力，巨大摩天轮宛如人质般静止半空中，一动也不动，小 Lawrence 人生舞台上的那盏聚光灯，也从此黯然失色……

“嘿！有人在吗？”他害怕极了！放眼四周黑压压的一片，不知道该往哪里去。唯一能做的就是蹲下来哭泣，看能不能借由热泪，温暖一下颤抖的身躯，或守护逐渐要失温的心灵。

不一会儿，哭累了的小 Lawrence 恍恍惚惚进入梦乡。梦里出现了一个气宇非凡的人。那人微笑着走到小 Lawrence 跟前，接着“咻……”地伸手在他耳边一挥，神奇的事情发生了！

“哇！一颗球耶！”小Lawrence从那人手中接过金色小球，又惊又喜。他一边把玩着手中的小球，一边雀跃着世上竟然有这么“神奇（Magic）”的事情。

而后，当小Lawrence回过神，抬头想问问这究竟是怎么一回事时，那人的身影已经消失在黑幕里，只留下了那颗金色小球和这一句话：

“只要留意看，就会发现其实你并不孤单……”

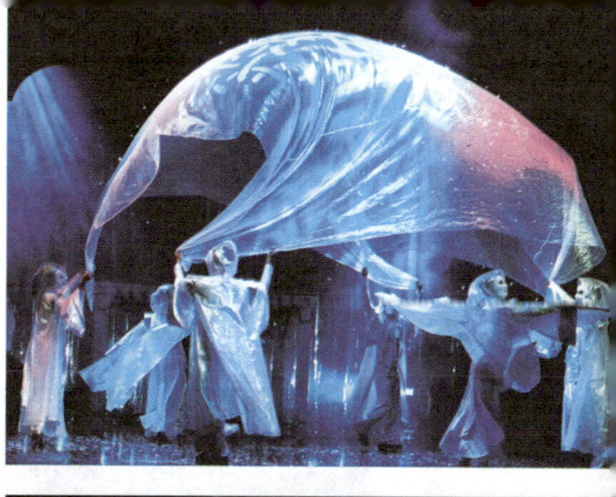

第一幕

从Magic看见Miracle

每个人都想相信，黑暗的尽头会有光明，

也想相信尽管人生有风浪，但是明天会更好……

实际上，只要时时怀抱着“信心”与“希望”，

就会在神奇的“爱”当中，看见奇迹，

并且上演此生最精彩的一台戏。

我的魔术是一台戏，不是展现一项特技

2002年，在堂堂迈入50岁之际，我终于重拾了10岁那年的儿时梦想——以一个专业的魔术师之姿，走出新加坡，登上国际的表演舞台，地点，位于中国上海。

作为“第四届上海国际艺术节”的国际表演者之一，我十分珍惜首度在中国观众面前亮相的机会。然而，当上千名观众坐在表演厅里，随着音乐节奏的加快，屏息以待魔术师的出场时，我的心里却突然冒出了这样的声音：

“嘿！邝健雄，你到底在做什么？好好一个公益慈善家不当，却在这里当小丑……”

站在被幕帘遮住的直立方台上，想到这一点，我差点要同意这个质疑的声音。“对啊！我到底在做什么？”但很快地，当我闭上眼睛，回想十岁那年在梦里看到第一个魔术时的震撼和惊喜时，一股温热的感动，瞬间油然而生。

那一刻，我打从心底懂了，原来现在会站在这里，并非偶然。早在小 Lawrence 失去父亲的陪伴和依靠，上天不忍他因此心里无依，决定用魔术陪他长大时，便注定终有那么一天，小 Lawrence 也要用这触动心灵的技法，为人们的生活注入 Magic 元素，借此带领他们攀上欢乐的高峰，也陪伴他们走过生命的低谷。

在清楚明白作为一名专业魔术师的意义后，方台上的我，腰杆挺得更直了！“先生们、女士们，让我们欢迎来自新加坡的魔术师，Lawrence Khong。”幕帘刷的一声开启。我摆出双臂展开的登场手势走出来，现场随即响起一阵如雷般的掌声。

在那之后，我的魔术师生涯从此进入一个新境界，同时也臻至一个更贴近自己和人们心灵的心境界。再加上，过去数十年在新加坡和中国等国家，投入公益事业的观察心得，我想在台上呈现给观众们的，从来都不只是一场奇幻精彩的魔术秀，而是一台“让人们因心灵得到启发而更注重家庭关系”的大戏。

这一直是我的梦！也是我的妻子Nina、大女儿Priscilla，以及其他三个孩子Michelle、Daniel、Anthony长年累月支持我，甚至透过实际参与的方式，陪我一起实践的邝氏家族梦。

只不过起初，我丝毫不知把魔术秀提升成为魔术剧，同时还要把剧情演得真挚动人，原来是一件这么困难的事！同样是结合“魔术”和“剧情”这两个元素，一出以剧情为主的表演，以及一场以魔术概念为主轴的剧目，呈现上有何差别？

例如，知名的百老汇音乐剧《欢乐满人间》（Mary Poppins）当中有一幕是，妇人进入房间之后，冷不防地从她的手提包里拿出了一个看起来就知道装不进手提包的大衣架。这就是一个很魔术的桥段，但又称不上是真正的魔术，其目的只是为整个剧情和人物角色增加趣味性，也带给观众新奇的感受。

同样的一段情节，若改以魔术秀来贯穿，妇人就不能在打开手提包之后就把衣架拿出来，而是要先把手提包打开，展示给观众看，证明里面是空的，紧接着还要把摆放手提包的桌子移动一下，显示桌子跟地板之间没有其他装置，最后才把衣架拿出来，如此就堪称是专业的魔术呈现了。

依据我长年师从西方魔术大师的经验，放眼全世界，具有魔术效果的剧其实很多，但却很少有魔术秀能够同时达到一个经典剧目的水平。

尤其是在中国，魔术向来被定位成一种“杂技”，魔术师之间的本事之差，仅在于技巧手法的高低。举例来说，表演空手拿扑克牌魔术，一个可以变出五十张牌的魔术师，肯定比只能变出二十张牌的厉害。抛球表演也是一样。比起一次只能抛两颗球的魔术师，可以同时抛二十颗的，当然比较有本事。

但本事并不等于艺术，而我真正想做的，就是把魔术提升成为一门艺术。如此一来，就算魔术师只在台上从无到有地变出一颗球，但因为多了美感和艺术的搭配呈现，我深信，同样能获得在场观众的满堂喝彩！

< 把工作当神圣使命

我始终相信，上天让每个人来到这个世界上都有其目的，关键在于：你有没有找到专属自己的生存意义？因此如果每个人都能够学习，对工作或事业都持着神圣的看法，甚至把其视为是人生使命，那么通过自身的工作去改变世界，或帮助世界变得更美好，就不是高不可攀或只有伟人的专属。

比如，当律师的人，若是能在人们因为官司找上他时，除了提供专业的服务之外，也能用爱心来安慰和鼓励对方，那么即使是因为犯罪而遭到司法审判的人，仍有可能因感受到被爱而真心悔改——相较之下，坐牢，还未必能使人改过向善。

幕后工作的道理也是一样。有些人不喜欢或不习惯在台上亮相，倾向从事摄影师、灯光师等工作来辅助台上主角，但工作本身亦具有神圣性。比如，与我合作的灯光师，若仅抱着拿钱做事的心态，打出来的灯光肯定一般；反之，若是以实践使命的精神为出发，便会不断思考：怎么样的灯光可以使Lawrence在舞台上看起来最好。

工作的态度对了，表现自然会卓越。结果不仅能造福他人，你的收入和名声也将会一起跟着提升！

台上一分钟，台下苦练十年功

绝大多数的人都习惯活在自己的舒适圈，不轻言冒险。而我却是一个从小就不怕死，凡事喜欢挑战不可能的人。

像是就读小学时期，学校教导练体操。为了突显自己的与众不同，我除了跟大家一样学习基本体操动作，还会额外苦练其他更高难度的动作，以及自学并非人人都做得来的“倒立走路”，让大家看到示范之后都觉得我很酷。

所以有时想想，我的人生会走上魔术师这条路，除了先前提过的家庭变故因素之外，某种程度上来说，也是因为只要小小地施展一个魔术，我就能轻易从他人脸上看见惊奇的笑容，以及赞赏崇拜的眼光。这既满足了自己炫耀的心，又为别人带来欢乐，可谓双重收获！

在这当中，有个经典的魔术桥段，虽然我已经从台下表演到台上有十几年了，但观众的回响还是一样热烈。

演出时，在一个合适的时机，我会问大家“有多少人是第一次看魔术表演的，请举一下手，让我看看好吗？”通常都会有不少人举手。因此我会接着说：“谢谢你们，谢谢大家让我成为你生命中第一个魔术师，因此，我想送大家一份礼物，这份礼物就是我生命中的学到的第一个魔术。”

多年前到 Las Vegas 的魔术大师班进修时，我认识一个将灵性结合魔术演出的同业。他曾提点我，魔术秀不能像在表演哑剧（Pantomime），否则会让观众觉得有距离，也会让魔术表演看起来像是单纯在耍杂技。除此之外，魔术师还要适时分享自己的故事，才能赢得观众发自内心的认同。

延续上面，送礼物后，我就会一边示范一边娓娓道来："十岁那年，我走进了一间魔术道具店，魔术师老板见到我，随即拿起一条蓝色手帕，除了这条手帕，两手空空。然后他就把这条蓝色手帕，塞进左手，一吹，奇怪，手帕变成黄色的。"

"最神奇的是，魔术师的动作非常慢，慢慢地塞，慢慢地拉，把整条蓝色手帕塞进他的左手，最后就变成一条黄色手帕。除了这条黄色手帕之外，还是两手空空的。"若你曾看过这个表演就知道，故事说到这里，我已经完成了这项魔术表演，即将蓝色手帕变成黄色手帕，然后再把两条手帕都变不见。

我也清楚，观众们大多想知道在神奇景象背后，究竟暗藏什么玄机。为了满足大家的殷切期望，我也会在此次魔术表演之后，说："现在，我想把这个魔术教给大家。但是在还没有教你之前，你要答应我要保守秘密喔！千万不要告诉别人，我其实是用两条手帕，一条黄色的手帕，一条蓝色的手帕，就这么简单。”

接下来我会边解说边示范：“你看，在表演之前，我先把蓝色手帕塞进左手里面，塞得越小越好，把最后一点点都完全塞进去，在这里要注意喔！千万不要透出一点点来。然后，挥挥你的右手，让别人没有注意到你的左手，而且你也要注意千万不要打开左手，因为打开左手之后，你会发现是什么？黄色手帕。”

差不多讲到这里，观众席就会一片哄堂大笑。为什么呢？姑且让我在这里先给大家卖一个关子，等你亲自来看表演就知道了！

这个让两条手帕在手中变来变去的魔术，我表演过不下一万次。因此无论是动作、表情，还是台词，皆已炉火纯青到根本不需要思考就能自然演出。着实印证了专家口中的“一万小时定律”，即一个人想在某个领域成为佼佼者，或精通某项专业技术，必须先历经一万小时的练习，以一天平均投入三小时换算，即为十年。

此论点，其实跟我早年学习魔术的态度很不同。初入这行的时候，我以为身为一个魔术师，只要懂得越多魔术就代表越厉害、越成功。因此每当得知有新的魔术手法被发明出来，热爱挑战的我就一定要学会。而且我也经常会去模仿其他魔术师怎么变魔术，学习对方的姿态、眼神、手势、走位、道具的摆设等。

我还曾经千里迢迢飞到美国，向知名魔术大师大卫·科波菲尔（David Copperfield）团队的一位团员求教，并邀请其当我的魔术顾问，希望让他指导我一些表演魔术的技巧。

老实说，在那个学习的当下，我虽一度感觉自己犹如大卫·科波菲尔的分身，但随着课程的结束，事后无论我再怎么模仿和练习，始终成不了他。更糟的是，我还一度失去自己原有的特色。

直到多年过去，加上其他知名魔术顾问的提点，我才慢慢体悟到，在台上想要把魔术变得让观众觉得好看，仅需十分钟的专注演出。精髓不在于有多少魔术戏法穿插其中，而是魔术师本身如何把真实的生命元素，以巧妙且毫不突兀的方式融合在魔术里，进而触动到观众的心。

一个魔术师若能臻于化境，在我眼中便堪称是成功了！

盛传，美国硅谷创业家们最推崇的创业现象之一就是：在失败中前进（Fail Forward）。意即，与其因为害怕失败，而持续停留在纸上谈兵的阶段，不如实际尝试，借由“快快失败”的过程来找出修正之道，如此反而能更快取得成功。

到校园教学生变魔术时，我常说：“想要变出一个好魔术，就不能只是闭门造车，而是要不断地表演给其他人看。毕竟在真实的世界里表演魔术，无论台上、台下，不可能都没有人坐在你旁边观看，而且随着座位不同，可能看到的穿帮角度也不一样，所以更须借由实际表演来修正手法。”

以我本身为例，学到一个新魔术之后，虽然练习之后觉得熟练，但到了真正上台表演时，还是有可能出现未预料到的小穿帮，或是观众的反应不如预期。

但好消息是，如果针对同一个魔术，可以持续表演超过一千次。即使一千次都穿帮，代表你已累计一千次经验值来避免穿帮；同理，如果一个魔术道具使用了五年、十年，每一个可能失败的情况都已经发生过，你也都找出相应之道，从某种程度上来说，你便算是成功了。

将这道理对应到现实人生，我会说，生命有时就跟变魔术一样，充满了变量，唯有实际活出自我，并勇于尝试，方能淬炼出真正的智慧，让你成为自己的生命魔术师。

结合演说专长，化身心灵魔术师

身为一个专业魔术师，我是如何慢慢做到把自身的生命元素，巧妙融入到魔术表演当中？“时间”加上“经验”固然是必备公式，但更重要的一个参数，其实是“对自己的了解程度”。

多年前，为了找到自身独特的魔术风格，我曾问自己：“此生最擅长的事情是什么？”随即我回想到从小到大，最爱的事情就是对人讲话。投入公益事业之后，更是一直通过演说在传递正面理念，长达四十几年。

“啊哈！”我像是突然被天来的灵感打中一般，有个声音在心中清楚告诉自己，“Lawrence，演说，就是你的专长啊！”

把“演说”跟“魔术”两个元素加在一起，是很多魔术师做不了。但对的事情于我，却是一种最真实自在的表演方式。而且当我借由擅长的演说，在台上取得更多自信，观众通常也会感受到我的轻松自如，并且从演说内容当中，领会到更深的反思和感动。

至于观众朋友们在哪一个剧目中，最能看到这样的我？目前来说，应该就是《神奇生日会》了。

《神奇的爱》和《视・界》皆是以父女情为创作主轴。《神奇生日会》虽然也是由同为魔术师的女儿Priscilla与我一起同台演出，但两人唱双簧的互动方式，主要是为了带出“信心、希望、爱心”这三大正向价值。

关于信心，我的开场白通常会说：“每个人都相信黑暗的尽头就会有光明，也想相信尽管人生有风浪，但是明天会更好。所以我要趁着生日会的机会，送给大家的第一份礼物——信心。”

但毕竟是魔术秀，在演说的同时，我会适时穿插一些可突显信心主题的魔术桥段，同时借由魔术带出“眼见未必为实、看不见的也未必不存在”这句话，最后告诉大家，真正的信心，就是即使看不见还是相信。意即，即使身陷冲击，暂时看不到未来，也要怀抱着信心，相信人生是能够扭转的。

希望，则是我要送给大家的第二个礼物。引用已故英国著名物理学家斯蒂芬·霍金（Stephen Hawking）曾说过的一句话：“有生命就有希望。”演说时，我把这句话反过来，改为主张“有希望才有生命。”

如何进一步经由魔术来诠释这句话呢？我想到了“逃脱魔术”。

逃脱魔术的呈现方式相当多元。在这个剧目中，为了突显受困的窘迫心情，我被锁进了一个封闭的箱子当中，并在观众无法理解的情况下顺利逃脱。借由这过程来提醒大家，“当我们在一个不得已的情况下觉得被困住而看不见出路时，反而必须抓紧内心所拥有的希望。”

第三份礼物，就是爱。我想大家应该都会同意，每个人生命当中最需要的就是“爱”，古书也说，一个人即使有全备的信心足以移山，却没有爱，那也算不了什么。至于爱是什么呢？“爱是凡事包容，凡事相信……爱是永不止息。”

剧目最后，也就是最令人感动的一个高潮点，就是我让一颗大大的透明灯泡，在掀开六角盒的那一刻瞬间点亮！借此比喻人人都如同灯泡，只要像灯泡一样被插电，联结上“爱的源头”，生命便能从此发光发亮。

曾经有人在上海的表演结束后，感动地跑来对我说，他在看到灯泡亮起的那一刻，眼泪就流下来了……那一直是让我最感欣慰和有成就感的时刻之一，因为印证了我已经实现成为魔术师的初衷——通过魔术带领人们攀上欢乐的高峰，也陪伴他们走过生命的低谷。

在我的概念中，演说之于魔术，就好比灵魂之于躯体。试着想象一下，如果我是用哑剧的表演方式来呈现上述魔术，掀开六角灯罩的那一刻（灯泡从不亮变成发亮），什么话也不说，观众的反应大概除了惊喜，顶多也只是觉得有趣，根本不会感动，因为毫无感动的理由。

同样，若是少了演说的成分，逃脱魔术的卖点也仅仅在于难易程度。越难越危险就越能牵动观众的紧张心情，并且在最后为魔术师赢得满场的惊叹。当然了，就魔术的专业层次而言，观众的肯定确实很重要，但一直以来我更希望的是，可以通过魔术这项表演艺术，传递欢乐，并赋予观众们更多的正能量。

唯有结合演说，也就是透过口语表达的方式，为每一个魔术额外增添意义，方能让观众在观赏魔术剧的同时，也犹如在经历一趟心灵旅程。饱眼福后，心满意足地走出剧院大门——身为一名心灵魔术师，能够做到这样，足矣！

< 态度自发而不自私

每个人都渴望在世界上找到一个专属自己的伊甸乐园。作为一个魔术师，我自然也会期许在魔术圈占有一席之地，有时甚至会打趣地跟朋友说，变魔术满足了我喜欢炫耀（Show Off）的个性。

不介意承认这点是因为我始终相信，若是一个人天生不喜欢被注目的话，如何站到台上表演呢？再者，回顾当初之所以从公益领域跨界到魔术圈，也不仅是想得到更多人的关注，更重要的原因是希望尽一己之力，扭转娱乐圈习以为常的低俗文化。

我认为要在娱乐圈里肩负起社会责任，让自己所说、所表演的内容能够造福人群。透过娱乐圈的影响力，灌输给社会大众一些正确的生命观和家庭观。尤其是，当今无论是哪个国家，很多社会问题的根源都指向家庭的功能不彰。若是这世代的我们不再积极做些什么，年轻一代恐将慢慢集体向下沉沦。

在这个过程中，不少人笑我太天真。但我的想法是，如果娱乐圈的人看到Lawrence傻里傻气在做着这样的一个大梦，因而被感动，愿意跟进，并转化娱乐圈来匡正社会风气，那么我的努力便值得。

而这也是我在这个小篇章里，想传递给读者们的一个观念——即使你自认身处在一个小小的工作圈或生活圈，发挥不了什么大影响力，但仍旧不要轻看自己，只要能够秉持自发态度找到自己独特优势，还是有很大发挥空间的。

唯要注意的是，必须要经常自我检视，自发向上背后究竟是出于自私目的（如为了追名逐利），还是同时带着公益的思考。一个人自发却自私，反而会对他人造成伤害；反之，若是能做到自发但无私的话，那么你的一点点小付出都会成为他人的祝福。

团队合作，是相互成全的过程

魔术团队犹如一个小社会。尤其是这十多年来，为应对各场大型魔术的演出，除了核心成员之外，还有其他来自世界各国的舞蹈员、演员及导演等幕前幕后工作人员，常常动辄数十人，管理起来相当不容易，合作过程中的变量也很多。

比起近景魔术讲究的手巧，很多人常以为大型魔术较为容易，只要将箱子之类的道具搬上舞台，机关一按就能演出。但真的如此吗？至少就我个人的经验来说，并不是这样。

虽然很多近景魔术需要精细的技巧，却是魔术师一个人就可以掌握。只要自己不出问题，表演就不至于出差错。相比之下，大型魔术需要的是整个团队的配合，音响、灯光，以及各种幕后工作的准备，全都马虎不得。因此我常会对幕后伙伴们说，没有他们，我的魔术就无法完全施展出来。

真的！此话一点都不假。

多年前，第一次在美国演出《神奇的爱》时，因为工作人员的严重失误，舞台上的我不仅变不了魔术，还成为美国剧院界的笑话，真的是太丢人了！

那是在美国一个极负盛名的大剧院。在偌大的舞台上，我们放置了一个像滚筒洗衣机般，但里面的水会滚动的水箱。配合即将上演从水箱逃脱的魔术，我照惯例先向台下观众们解释，水箱里有几百加仑的水，而且为了证明水箱会滚动，我还边说边自信满满地朝水箱的红色按钮一按。

“轰隆——”随着水箱的运转，已经堪称是资深好手的我，原本预期从观众们脸上看到惊奇或惊叹的表情，没想到实际看到的却是一脸惊吓，伴随着台下的尖叫声四起。

猛一回头，才发现由于工作人员忘了关闭水箱门，几百加仑的水已经如大浪来袭般地涌向观众席。“喔！我的天！（Oh！ My God.）”后来，虽然那些水还没真正波及第一排的观众，但全部渗透到舞台下方。临时出一个这么大的失误，一时之间我还真是险些下不了台。又气又尴尬的同时，还得赶紧想办法圆场。

于是顺着曾经讲到的这句台词：“这个道具我们也没有全部试过，不知道可不可行，不过没关系，我们冒险试试看。”我将错就错，赶在工作人员出面喊停之前，自创台词对剧中饰演同伙的演员说，“啊！我就告诉过你，这个玩意儿可能不行，你看吧！”

那位演员意会到我的临机应变，随即一搭一唱。同台演出的女儿 Priscilla 反应也很快，配合新剧情，故作紧张跑出来说，“爸爸，你赶快逃吧！”一个转身，我就往后台冲，佯装逃命。舞台上的灯光一暗，进入转场。

演出结束后，从头到尾都坐在观众席的妻子 Nina 告诉我，水箱漏水事件虽然让大家吓了一跳，但因为后续应变得很自然，整体的演出堪称顺畅，可谓是不幸中的大幸。

但因那次的重大疏忽，我们不仅赔偿了两万美金给剧院（因为舞台下的电线都被水浸坏），而且随着这件事情被逐渐传开，我还被美国剧场界列入“观察名单”。从此以后，只要到美国巡回演出，每个剧院的人员都会非常紧张，不断地提醒我们“千万要小心”。

穿梭在剧院间时，工作人员看我的表情仿佛也在窃笑说：“哈哈，他就是那个弄坏舞台的人！”因为这件事情变成一桩国际笑话，想想也真是无奈。但回头也只能从团队管理的层面来进行检讨，并拟定开演前的 SOP（Standard Operating Procedures，标准作业程序），确保重要道具或设备都有三道检查程序。

在很多工作伙伴们眼中，我或许是个严厉的老板，但我真正在意的，其实是大家是否具备“不过二”的敬业态度。

2017年，我带领魔术团队到上海演出《神奇生日会》。在接连两场的最后重头戏，也就是我要将透明灯泡点亮的那一幕，全都出错——应该配合台词瞬间发亮的灯泡临时不亮，感动人心的程度自然大打折扣。这样的错误非同小可。

那次我真的动怒了！事后，我告诉当时负责灯泡的工作人员，第一场出现灯泡不亮的突发状况，我还能勉强谅解；但已经发生过一次了，为什么还是没找出真正的问题，以至于相同情况重复上演。

猜猜看，那位工作人员怎么回答我？他说："可是我搬到后台，一开就亮了，就没事了。"听到这话，我更气了。因为觉得他非常不敬业。我借此对他进行教育："针对两场演出都出现灯泡不亮的情况，你该做的不是告诉我灯泡推到后台就好了，而是要想办法找出'为什么在后台开会亮，在台上开却不亮'的原因，并克服潜藏其中的变量。"

在我的推动之下，那位工作人员才终于厘清问题，发现灯泡的通电情况之所以不稳定，是电线老旧，接触不良的关系。沟通的过程中，工作人员一度以为我是在故意找碴，后来他才逐渐理解到，我是对事不对人。

我常说，所谓的团队合作精神，不是每天开开心心、彼此相爱就可以了。若真有心想共同打拼出一些成绩，就要有积极改正的态度，方能在团队中成为彼此的信任伙伴。况且之前提过，遇到出错时，令我生气的通常不是错误本身，而是犯错的人“未积极避免错误再度发生”的态度。

相比之下，若对方是一个勇于认错且愿意从错误中学习的人，我反而会乐于鼓励他突破自我的限制。

以目前合作的一位灯光师为例。2017 年，他在与我配合的一场巡回演出中，因为一个控光时机出错，导致有些观众看到魔术的破绽，他为此感到非常自责。表演结束后，我赶着去卸妆，然后紧接着去开会，一直忙到凌晨十二点。那时才发现他为了当面向我道歉，已经等待了两三个小时。

见到我时，还没开口说话，他就哭了。这次的打击，让他没信心控制下一场的灯光。我就请一位熟练灯光的工作人员先协助他，到了再下一场的演出时，我尝试鼓励他：“我欣赏你，也相信你做得到，所以今晚的演出不需要别人帮忙，你自己就可以胜任了！”

为了替他打一剂强心针，我再以经验提供意见，告诉他，若担心时机点拿捏得不够精准，那么在那个环节，灯光打得慢一点会好过快一点，但在另外一个环节，快一点又好过慢一点。“相信自己！你一定可以的。”而事实也证明，因认真负责又肯学习的态度，他的专业表现很快就令人称赞。

如果可以，我很乐意帮助每个团队伙伴，在各自专业领域不断精进。但前提，当事人必须先具备成长动机，否则到头来只会彼此耽误。

我常形容，评估是否辞掉一位员工的过程，就如同手上长一颗很痛的毒瘤需要割掉。若是需要割得快狠准，你却拿一把钝刀慢慢割，那等于在折磨自己；

若是只需局部切除，你却心一横把整只手剁掉，也反而会因小失大。

因此结论就是，决定采取什么方式来割掉毒瘤是需要智慧的，至于智慧从哪里来？则是有赖生命经验的累积了！

如同我虽推崇知人善用的原则，却在用人这一方面吃过不少亏。早些年甚至发生过，某位甚为倚重的团队领导，因合作过程中与我理念不合，便伺机造谣和煽动多数成员一起离职，差点导致该档剧目开天窗。所幸，在我们的紧急应变之下，透过一一与成员们恳谈，才化解那次的危机。

如今，从风雨中走来，目前仍在团队中共事的伙伴们，各个的专业素质不仅已经被磨炼到一定的水平，而且已与我们培养出坚定的革命情感及配合默契。每当在排练时看到大家认真投入的身影，我都会发自内心感动，也自信因有这样一个专业团队，未来势必能持续将一个个高质量的剧目呈现在大众面前。

专业是爱心的根基

作为一名公益慈善背景出身的管理者，多数工作伙伴总会很自然期待，我能够以仁慈的态度来看待他们的错误，不再往下追究。当我没有这么做时，常常又会招致一些人的反感或因此感到受伤。

殊不知，早年投入公益事业时，我对各岗位职员的专业要求一样不马虎。我甚至主张，助人成分越高的行业，理应越要专业，如此才能发挥更大的助人效益。反之，若是在专业能力不足的情况下，一股脑儿地凭着爱心去投入，有时自以为是的助人，却反成了害人。

举一个反差较大的例子。假设有天，你发现自己罹患心脏病，某个非心脏专科的医生朋友跟你说："没关系，我很有爱心，而且真心希望把你的心脏病给治好，所以就放心让我为你开刀吧！"试问，你会因那人的丰沛爱心而答应吗？不用说，肯定不会。

同样，虽然我向来期许能通过魔术剧目，为观众散播欢乐，散播爱，但这并不代表在团队合作的过程中就可以轻松懒散或得过且过。这也就是为什么，我会对团队成员的专业和敬业态度如此要求严格。

在这里我也想鼓励读者朋友，若你本身是一个极富爱心的人，也很愿意为他人付出，那确实很好！但我仍然建议你在专业上努力扎根，等到有一天真的到达一定专业高度，你便会惊喜发现，原来这样的自己，反而更能扩大爱心的实践层面。

有你（Nina）的地方，就是我的家

这辈子最令我感到自豪的一次知人善任，就属娶到Nina，并且懂得把她放在孩子母亲、我的工作伙伴及生命战友等岗位上。我甚至可以直接地说："若是没有她，就不会有今天的我！"

Nina的专业背景是医生，中学时代我俩就相识，进而相恋，一路携手至今已超过半个世纪。回顾十几年前，我决定朝向专职魔术师的角色迈进时，也是因为有她的支持，我才敢如此义无反顾地往前冲。

有人好奇地问Nina，我最吸引她的什么？当下我虽开玩笑地抢答说，一定是因为我帅气的外表，但我心里却清楚得很，Nina 最欣赏我的“勇于真实”。因此她常鼓励我，只要做的是对的事情就不要怕，她会支持我到底。而且她所谓的“支持”不仅是在精神层面，更包含了全情投入的行动和经济方面的支持。

结婚第三年，她就随着我到北美攻读神学硕士学位。当时，Nina 在新加坡的医生执照无法在美国使用。为了能在美国当地执业，撑起家中的经济，她拼命地念书，而且还打破其他华人多次重考的纪录，一次就考上。正式执业后，她每个月的收入是我第一年在当地华人餐厅打工的数十倍。

问诊之余，为了推广魔术同时赚取一些收入，Nina 也会充当我的助手，陪我到北美一带四处演出。有一件事让我印象很深刻。那次为了表演把助理装进箱子变不见的桥段，她即使已经怀着五个月的身孕还是照做。

这让我很感动，也让我想起中学时期，年仅十几岁的我就常利用课余时间应邀在一些企业活动中表演魔术，Nina 就是从那个时候开始成为我的助手。至今我仍忘不了，表演结束后领到工资的那种喜悦，以及两个人握着热乎乎的钱袋，跑去喝高级下午茶的惬意和满足。

另一件让我持续感恩在心的事情是，Nina 作为一个极有主见，社会地位又高的女性，却仍然会在人生的大方向上顺服我的热忱和使命。

2002 年，因我在工作角色上的变动，Nina 毅然决定把诊所转让给其他医生，褪下白袍，全职协助推动我的公益事业。紧接着，随着世界各地的演出邀约不断，她又放下手边的工作，陪着我飞到各地公演，同时如家庭医生般地随时注意我的健康情况。

不同于早年，总是由 Nina 担任我的助手，自从女儿 Priscilla 高中毕业加入魔术团队，助手的角色就改由 Priscilla 担任（现已经升级为女魔术师）。至于 Nina，位居幕后的她也从未停止对我魔术表演梦的协助。凡跟剧目演出有关的大小事务，她几乎都参与其中，以另一种姿态成为我的好战友。

特别是在跨入大型魔术演出之初，我的任务已经不只是把魔术表演好，作为管理者的角色，还得同时兼顾剧团人事、剧目策划、舞台设计、营销宣传，以及四处卖票等各环节，压力空前之大！Nina亦积极投入在当中，为了补强当时团队成员的不足，很多事情她一样从头学起，比如，你绝对想不到的——灯光。

当初为了学打灯，Nina特地买书研读。她的领悟力好，很快就将书本中的所学派上用场。像是有次，我正在彩排一场高难度的魔术，灯光师为避免因角度问题露出破绽，便直接把聚光灯打在我的脸上。一旁的Nina发现后，马上提醒他这样很危险。但我没意识到问题的严重性，选择了信任灯光师，就这样升到半空中。

结果，憾事真的发生了！置身半空中的我，因现场一片昏暗，加上双眼被灯光直射，模糊了视觉焦点。才一升上去，就因为失去平衡而急速下坠。过程中，整个人丝毫不察，直到砰的一声，加上身体的剧烈疼痛，我才意识到自己摔倒在地上了。

“糟糕！明天就要演出了，要是上不了台怎么办？”发现自己摔落时，我的第一反应是担心演出受影响。所幸，受惠于长年参与马球的锻炼，身体还算耐摔，但腿部的扭伤就避免不了了。隔日正式演出时，向来在台上昂首阔步的我，只能崴着脚上场。

为了避免类似的危险事情再度发生，有一段时期，Nina 甚至会坐在灯光师旁，耐心指导灯光师哪里要调暗，哪里要调亮，以及要调几个百分点，颇有专业顾问之态势。

但其实我最爱的，还是 Nina 看我变魔术时的那种赞赏眼神！她一直是我最忠实的铁杆粉丝。从十几岁初识至今，始终不变。每回公开演出，她都会坐在观众席观赏，几乎没有一次例外。

而且有些魔术，如剧目中必排的“蓝手帕和黄手帕”桥段，即使已经公开表演过不下一万回，私下示范给席间友人们看时，Nina 仍会看得津津有味，且不忘在最后引以为傲地告诉在场各位：“我喜欢这个魔术！”

有时想想，自己何其有幸，能在早年动荡不堪的成长岁月中遇到 Nina，使我漂泊的生命之帆，才因此有了锚定。即使从交往到婚后，时常需要往返世界各地去工作，但只要身旁有 Nina 的相伴，我的心中就充满了归属感……

因为有她的地方，就是我的家。

< 家就是一个Team

大家想象中的“魔术家庭”会是什么模样呢？让我来告诉你吧！作为魔术师的孩子们，他们不仅可以享受平日在家中时不时就被叫来围成一圈，以验收的角度来观赏父亲表演新魔术，而且一年一度的生日会，作为父亲的我，也会在他们同学面前施展一下魔术身手，让孩子们享受一下同学羡慕的眼光。

但也必须老实说，在这样的福利背后，我的孩子们在成长过程也付出不少代价。例如，因为长年在外巡演的关系，我错过了他们最需要被陪伴的青少年时期，而他们的母亲为了配合我的工作行程，能够在家陪伴他们的时间也很有限。

再来就是，刚跨入大型魔术商演的时期，我除了魔术表演以外，很多事情都要重新学习，加上当时的团队成员组成较不稳定，孩子们身为魔术家庭的一员，自然无法置身事外。

所有的孩子当中，大女儿Priscilla最早参与魔术，从助手开始到魔术师。二女儿Michelle目前是个杰出的银行家，她曾在Priscilla怀孕期间，代替她担任我的助手。小儿子Daniel也曾经担任幕后工作人员，协助我迅速换装。十几年前，宝贝外孙Isaac诞生。大概四五岁时，他就开始出现在我们的剧目当中，与我们一起同台演出。

或许是因十岁时父亲过世，我的原生家庭从此陷入四分五裂。因此在新加坡时，我总是特别珍惜与孩子们相处的时光，尤其喜欢全家人共同投入一件事情或一起学习某项运动，借此在我们之间培养出相互支持的团队精神。

我始终认为，最棒的家人关系，绝不仅是建立在血缘的联结里，只要用心经营及付出无条件的关爱，家人也可以是无可取代的生命后援会。

剧目介绍

神奇生日会

巡演纪录（统计截至 2018 年 6 月）

2010 年 12 月 - 新加坡

2013 年 11 月 - 台北、香港

2016 年 11 月 - 高雄、台中

12 月 - 深圳、广州、东莞

2017 年 11、12 月 - 上海、重庆、厦门、杭州

创作理念

有鉴于现代人即使物质不虞匮乏，心里却依旧感到空洞、不满足，甚至走上结束生命一途。再加上，我自己也曾处在不快乐的生命景况中，直到发现“信心、希望、爱”这三个礼物后，人生才慢慢从黑白涂上鲜艳的色彩。因此，我想在此剧目中，将这三个曾经改变我生命的礼物，送给大家。

其次，我也在剧目中传达出，其实每个人都有灵、魂、体三部分，并且用一盏覆盖着两层外壳的灯具来象征。最外层代表着“身体”，指出人们大多致力于追求身体欲望层次的满足，才会感到心灵空虚。

第二层外壳代表“魂”，也就是每个人的“理智”、“意志力”与“感受”。这部分一样很难因为外在追求，而达到真正的满足。即使取得高学位，也不一定能解决人生的困惑。不断往高处挑战，想借此追求满足与成就感，却发现伴随而来的更大的压力和牺牲。

最内层的灯泡，代表的是“灵”，也是个体生命最深处的生存动力，而这生命的动力，就是古人在书中所说的“天”。

孔子把人分为“君子”和“小人”，这两种人不只在“道德标准”上有所差异，孔子更以“君子，知天命、畏天命、顺天命；反之，小人不知而不畏”来区分之，指出唯有君子方能真正了解上天所给予的使命。

如同灯具里的灯泡，通电后就可以发光。当人们如孔子所说，知道天命，敬畏天命，并且选择顺应天命后，整个生命（如灯具）就会因为心灵接通天意（如电流）而开始发光发亮。

第二幕

从对立冲突中，学习爱的功课

"Love is an action verb."

得知女儿Priscilla怀孕的那一刻，

我的世界宛如瞬间末日……

但经过一夜思考，

我决定用行动证明父亲对她的爱，

我们生命中也因此迎来了外孙Isaac，

这个天降的缤纷大礼。

意料之外的生命礼物，Isaac

看过《神奇生日会》的观众们，可能会对其中一个桥段记忆犹新，那就是当我在讲到“信心、希望、爱”，这三大正向价值当中的“爱”时，我以自身的真实经验为出发，分享对爱的体认。

在台上我提到，自己之所以能面对生命中的风浪，是因为有家人的爱；家是每个人的心之所系；家代表的不只是一间屋子，只有窗户，有大门，也不是一间建筑物，只有墙壁，有屋顶，更不是里面所拥有的东西和所累积的玩具……

那么，家，究竟是什么呢？

“一个家的定义不在里面有什么，而是里面有谁！”我慢慢走向舞台中央的大礼物盒，继续说，“家应该是我们心所向往的地方，无论在世界的哪个角落，我的心都是与家人同在。有一个人在我心目中拥有一个特殊的地位，他提醒我，有爱的地方，才能成为家。”

“欢迎我的外孙，Isaac！”尔后，一个长相帅气的大男孩，像变魔术般地从大礼盒中蹦出来，出现在大家面前……此情此景，一如十几年前，Isaac毫无预警地降临到我的生命中一样。

至今我仍深刻记得，得知Priscilla未婚怀孕，是在结束一个国际巡演，我们一起返回新加坡之后。一天，平日个性大大咧咧的Priscilla，忽然一反常态，怯怯地跟着Nina来到我面前。我再看看Nina，同样也是一脸严肃。当下我就有预感，可能有什么大事要发生了！

我倒抽了一口气，屏息以待即将揭晓的答案。接着，便听到Priscilla缓缓说出，“爸爸，我怀孕了”这句话。

这大概是我生平第一次感受到语言的震撼力。“爸爸，我怀孕了”仅仅六个字，却让我如雷轰顶。“你……”得知消息的当下，我气得差点说不出话来，也不知道该如何表达内心的愤怒、失望和难过，只好在丢下一句“Priscilla，你真的是太让我失望了”之后，就迅速夺门而出。

我“砰”地用力甩上门，独自往附近的公园方向走。我知道自己若是不出来透透气，恐怕就要被胸口的大石头压得喘不过气来。

走着走着，在公园中央的一处荡秋千区，我坐了下来。借着简单的脚力，让自己在空中轻轻荡着，很多有关Priscilla的童年片段，也陆续在我的脑海中浮现。

我依稀想起最后一次陪Priscilla荡秋千，应该是在她小学五年级的时候。那时候的她总爱绑着马尾，蹦蹦跳跳地拉着我陪她到公园游玩，或是要我陪她骑脚踏车……

但曾几何时，当年那个总爱赖在我身边撒娇的小女孩，如今却与我变成了最熟悉的陌生人……那些“她什么时候交了男朋友”“那男生是谁”等问题，几乎每天跟她一起搭档工作的我竟然全都一概不知。

“天啊！我实在是一个不及格的父亲。”原来比起对 Priscilla 的生气，其实我更气的是自己。气自己在错过参与 Priscilla 的中学阶段后，就从此在她的心目中缺席，以至她在走错这一步之前，作为父亲的我未能及时介入引导。

怀抱着这样的愧疚心情，加上当天深夜返家后，Nina 也哭着对我说：“Priscilla 肚子里的孩子是无辜的。”我的心中便有了决定。

除了接受，我没有其他选择。当时的我深深知道，若是在这样的关键时刻，不挺身帮助Priscilla，我们的关系恐怕只会更加恶化。更何况，我是爱Priscilla的，即使她一时迷失做错事，也改变不了她是我女儿的事实。身为父亲的我理应和她一起面对这件事情。

想通后，隔天一早，我便主动找Priscilla坐下来谈谈。当我看到她已经知道自己做错事情，也愿意认错时，我心里宽慰许多。同时我告诉她："爸爸希望你知道我是爱你的，无论你做错什么事，你永远都是我的女儿。我和妈妈也愿意陪着你把孩子生下来。"

话一说完，Priscilla就在我的怀里崩溃大哭……我温柔地拍着她的肩膀。那一刻我感觉到，我们之间的距离变得好近好近。那个从前爱在我怀里撒娇的小女孩，仿佛回来了。

随着家庭风暴的平息，紧接着要面临的难题是如何面对外界的批判声浪？

身为新加坡众所皆知的公益慈善家，当时我最为人所熟知的宣讲主题之一，就是正确婚姻关系的建立、良好家庭关系的维系，以及引导青少年的价值观。但结果呢？自己的女儿却未婚怀孕，这岂不是太可笑了吗？多数大众无法接受这一点，掀起的风波之大，甚至一度影响到我创立的慈善组织的运作。

所幸，如Nina所言，我是个只要确定自己是在做对的事情——选择留住Priscilla肚子里的孩子，绝对是一件正确的事情——我就会义无反顾，不顾周遭人的眼光坚持走下去。Nina也同样具备这样的特质。所以当我们夫妻两人，一起面对来自四面八方的抨击时，相对也好过一些。

如今回想，多亏我们当时勇敢做出那样的决定，才有机会看到后续一连串的恩典发生。首先，第一个最大的恩典，当然就是拥有Isaac这个外孙。在此，我实在无法用简单几句话来表达Isaac为我的生命以及我们整个家庭带来的快乐和满足。上天透过他给我们的祝福，实在太多了！

举个最简单的例子，我们一家人因他变得更团结了。Isaac出生的时候，我的小儿子Daniel也不过才十几岁，尚未成年，但Nina为了让Isaac拥有父亲的角色可以陪伴其长大，特别事先跟Daniel沟通，希望他可以当Isaac的导师，Daniel二话不说马上答应了。这让我们看到了他的成熟和懂事。

再就是，考虑到Nina和Priscilla的大部分时间都是跟着我到海外演出，经常不在家，我的弟弟和弟媳得知Isaac需要有人帮忙照顾，便主动揽下这个重任，而且一照顾就长达好几年的时间，令我和Nina都感恩不已。

某种程度上来说，Isaac的出生不只凝聚了整个家，还包含了我们的整个家族。因此，即便当初他来得真的很突然，也曾因此掀起不少风风雨雨，但我仍然由衷感谢Isaac，这个天赐的大礼！

< 没有不合法的子女

“世界上没有不合法的孩子，只有不合法的父母。”这是Priscilla未婚怀孕的事情爆发之后，Nina说的极富智慧的一句话。她的意思是说，父母会被称之为“不合法”是因为没结婚就当父母，但孩子跟父母天生有血缘关系，自然无关合法与否的问题。

随着Isaac逐渐长大懂事，我们也会告诉他，虽然当初是他的母亲Priscilla犯了错误，才会怀了他，但是，他是上天给我们的孩子，我们还是会一样爱他。至于Priscilla，我们也常会对她耳提面命，希望她能成为Isaac的好榜样，相同的错不要犯第二次。

如今，十多年过去，Priscilla终于找到一个爱她的人并结了婚，也生下一个可爱的女娃，让Isaac多了个妹妹做伴。一直以来，我们也都把这个一般人看来的危机事件，视为一门爱的功课来学习——让我们因此学会如何以一个为父为母的心，无条件去爱！

记忆中的那个小女孩去哪了?

曾经有人问我，若是要拍一部电影来描述我和Priscilla之间的父女情，第一幕，我会从何拍起?

我不假思索地回答，会从Priscilla说“爸，我怀孕了”那一刻拍起。紧接着，画面跳回到她小时候我教她游泳，带她放风筝，以及陪她骑脚踏车的那一幕幕黑白画面。

记忆中的Priscilla，大大的双眼、甜美的微笑，总是露出一副天真快乐的表情。但曾几何时，我心目中的那个小女孩不见了?而且她不只从我的生命中消失，更在自己的青春岁月里走失，突然迷了路……

“为什么会这样子？我自以为已经尽了一个父亲的责任，为什么还会发生这样的事？”曾经很长一段时间，我虽然可以为Priscilla的未婚怀孕风暴屡次对外挺身而出，却始终跨不过心里那道自责的坎。

我在想，自己肯定是错过些什么了！

之后，随着一次又一次的管教冲突，Priscilla才终于道出心中的怨怼。“我恨你！（I hate You！）”有次Priscilla哭着对我说，“在我上中学之后，需要人讲话，需要人陪伴，需要有个爸爸像朋友那样关心我的时候，你在哪里？既然你都选择缺席了，现在又有什么权利管我应该怎么做？”

Priscilla的这番话宛如轰雷，重重劈醒了我。我才难过地发现，原来在她成长过程中长年的缺席，她早已为我盖上一枚“失格父亲”的大红章。

起初我有些不甘心，自认在Priscilla就读初中和高中阶段，因使命的缘故，我才会欣然接受来自世界各地的演讲邀约。因此听到这话的当下，我一度想反驳，但事后想想，其实那些她都明白，也经常在那段时日里配合母亲要求，持续为远在世界各地的我祝福。

而且那个年代不像当今网络四通八达，随时可用手机通讯软件向家人报平安，一解思念之情。再加上，我去的又是一些像非洲、俄罗斯、哈萨克斯坦之类的偏远国家和地区，更不可能动辄使用长途电话，所以常常一出远门就长达十几天到几十天不等。因此“爸爸这一趟飞出去，能不能平安返家”一直是 Priscilla 心中最大的惶恐。

除了要承受可能随时失去父亲的不安，以及无从遥寄的思念，我所给予她的父爱浓度前后落差之大，恐怕也是她最难以释怀的。

Priscilla 从小就爱赖在我的怀中。晚上 Nina 看夜诊时，我就父兼母职，负责给孩子们讲故事和哄他们睡觉。更别说，Priscilla 早年生命当中的许多新鲜尝试，像是骑脚踏车和游泳等，全都是我带她一起去经历和学习的。

我相信，对 Priscilla 而言，我就是她初入这个世界的引路人！

她的小脑袋瓜里大概从来都没想过，那个带给她极大安全感的引路人，会在未来的某一天，突然“咻”地不见了，平均每个月只出现在她的生命中短短几天，甚至只有几个小时。

再加上，到后来，我才从 Nina 的口中得知，Priscilla 身为名人之女，在学校所承受的压力也不小。例如，有次她只是忘了带某项作业到学校，竟然就被老师当众羞辱：“你是邝健雄的小孩，怎么可以忘记带作业！”

委屈至极的她，在校因父亲的盛名而受罚，又正值叛逆的青春期，无怪乎心里会爆出一堆愤怒情绪。

懂了！

当我愿意试着从一个十二三岁小女孩的“视界”

为出发，体会这些年她经历的那些心理上的苦，对她的转变就比较能够理解。

但我还是有些不太明白，就算Priscilla在青少年阶段缺少父爱，应当也不至于会造成价值观如此偏差才对啊？况且，我仍清楚记得，小时候的她可是个正直到连一丝谎言都容不下的小女孩呢！

Priscilla四岁那年，我正处于人生低潮，满腹的郁闷情绪找不到出口，便再度染上抽烟的恶习。我趁着每天晚餐后，Nina到诊所看诊的空闲时机，都会躲进厕所偷偷抽一根烟，试图将心中的愁苦化作一缕缕白烟，再往仰角四十五度的方向，狠狠将其吐掉。

每次抽完烟，我都会马上将烟蒂丢进马桶冲掉，并在心里得意地想："哼哼，只要'消灭证据'，加上味道一散，Nina回来肯定不会发现！至于Priscilla嘛……那就更不用担心了，小孩子，懂什么？"

直到有天，Priscilla突然开口问说："爸爸，你为什么要抽烟？”我像是被人拿了根针往身上刺了一下，整个人跳了起来。

我先是连忙否认“没有”，接着开始努力保持镇定，让自己讲话不支支吾吾。“爸爸哪有抽烟，Priscilla，爸爸跟你说，没有亲眼看到的事情不可以乱讲！”为了避免东窗事发，加上担心会成为孩子们眼中的坏榜样，我第一时间不仅坚决否认，还佯装生气地反过来责怪她。

但 Priscilla 无辜的眼神中，带着一种举证的自信。她说：“可是你每次从厕所走出来后，身上都会有一种叔叔来的时候，才会有的味道。”她的意思是，她早就已经从我身上闻到我弟弟在家里抽烟的味道。

父亲的权威不管用，眼见纸包不住火。有一个声音在心里谴责我：“若是今日欺骗女儿，就算瞒得过一时，哪天 Priscilla 要是发现真相，恐怕会失去对我这个父亲的信任……”

我越想越不安，最后索性坦诚相告，也为自己公然说谎诚挚道歉。

“Priscilla，对不起，爸爸跟你承认，其实我说了谎。而且很抱歉，我做了一个不好的示范。”在沙发上坐定后，我温柔地伸手将她拉到跟前，表情认真地提出这样的请求，“Priscilla，请你原谅爸爸的软弱，好吗？”

Priscilla用力点点头，将小手轻轻拉着我，用稚嫩的声调和词汇和我聊天。如今，数十年过去，每当忆起这段往事，我总会依稀感觉到她掌心的温度仿佛还在头顶上流动，温热如昔。

有了Priscilla爱的能量，加上我也确实想戒烟，在那之后，我就真的再也没有抽过一根烟。

可惜，Priscilla虽然帮助我成功戒烟，让我变得更好，我却没能好好一路守护她到长大，以至她在进入青春期阶段之后越走越偏。

或许是当时真的想得太简单。我曾以为，Priscilla骨子里的正直性格，加上作为父亲的我勇于认错的正面示范，都将为她奠定一个好的行为根基，使其足以辨明外界的是非对错。

哪知道，Priscilla 在升上中学之后，慢慢出现一些令校方头痛的行为问题。像制服的穿着方式屡次违规，或是跟同学讲话一言不合时就出手打人。这使得 Nina 三天两头往学校跑，向老师赔不是。

Priscilla 高中毕业之后，在我的身旁当我的助手。借由一起研究剧情的机会，我才得知，她对两性关系所持的想法，竟是如此开放，令我感到难以接受且十分震惊。

曾经有几次，看着 Priscilla 的身影，我不禁自问："她真的是我记忆中那个天真无邪的四岁小女孩吗？"问着问着，我一度陷入了茫然，不知道该如何更好地扮演父亲角色，像小时候保护她一样，让长大后的她不会因此在人生道路上跌倒。

于是，我开始通过剧目的创作，为我们纠结难解的父女冲突，找一个新出口——同时也是心的出口。

< 症结藏在细节里

众多的魔术技法中，观众最常看到的就是魔术师利用“一个大动作掩盖一个小动作”。比如，风格夸张一点的魔术师伸出右手说：“你看！”趁观众的焦点被引导至右手时，魔术师的左手已经完成了接下来的布局，也就是我们行话所说的“已经偷了一些东西”。

风格比较内敛一点的魔术师，也会惯用这样的技巧，差别只是转移观众焦点的方式不同。例如，正在观赏魔术的过程中，若是魔术师突然直视着你，依照人性的自然反应或礼貌性的考虑，你通常也会看着魔术师的眼睛。而就在那短短几秒钟之内，魔术师的双手就可以来个偷天换日！

这种技法也向我们指出一个哲理就是，如同大动作常成功引起我们的注意力，进而忽略正在发生中的小动作般，一起大事件的突然爆发，也常会让我们因为陷入问题解决模式，忙着指责，而忽略了真正需要被看见的症结。

正如当初Priscilla未婚怀孕这件事，如果我和Nina都被这个“大动作”给骗了，恐怕就不会正视一个正在隐隐变化的“小动作”——我跟Priscilla之间的父女关系，正在走向难以挽回的决裂。

幸好，我及时看到小动作的发生，意识到应该向关系层面修补转向，而非一味指责Priscilla。这亦是为什么演讲时，我常会苦口婆心地告诉父母们，一定要认真参与孩子的青春期阶段，因为他们正处在学习做重要抉择的生命路口，一旦错过或是走偏，最后付出的代价可不小！

“父亲”这门学分，终生必修

于私，我和 Priscilla 的关系是剪不断的父女情；于公，我们既是老板和员工，更是彼此不可或缺的搭档。

一般而言，双重关系因为难免牵涉到角色冲突，互动起来已经很辛苦，而我和 Priscilla 是三重关系，不难想象，那种辛苦不是单单乘以三倍就足以相应，而是“三次方”那样的庞大和复杂。

而且，我无法逃避。一个横亘在眼前的现实是，自 Priscilla 呱呱落地那一刻起，如何根据她的成长变化胜任父职，便成了我的终生必修学分。基于“她永远是我的女儿，我也永远是她老爸”的这个事实，碰到事情也永远只有一条路可走——积极去面对和处理！

2001 年首度问世的剧目《神奇的爱》，就是在这样的背景下诞生的。出自我的真实想法，再结合大家共同创作的剧情细节，这个剧目所要阐述的也是一对魔术师父女的故事。

故事中的女儿，在与魔术师父亲表演魔术一段时间后，开始渴望拥有个人秀。因此对魔术师说：“爸爸，你已经老了、过时了，我要有自己个人秀（Own Show）我想自己在表演上做决定，我已经准备好了……”

魔术师认为女儿的魔术技巧尚未纯熟，迟迟不敢放手。此举更加引发女儿不满。适逢魔术师早年合作的一名男助手不幸在表演过程中伤及脸部，从此对魔术师怀恨在心，想伺机介入魔术师与女儿的关系，借此打击魔术师。

当他发现魔术师的女儿想单飞，先找人颁个魔术师奖项给女儿。后又说要跟她签约，把她从新加坡带到上海，并为其打造个人舞台。魔术师的女儿听了当然开心。不料，抵达上海之后才发现，原来一切都是男助手计划迫害她们父女所精心设计出来的骗局。

幸好，后来因为魔术师及时解救，女儿才得以顺利脱困，她也因此明白父亲对她的爱有多深。

《神奇的爱》所演绎的父女关系历程，颇为贴近真实世界中 Priscilla 自十八岁开始跟我表演魔术后的状态。

合作之初我就注意到，个性热情大方的她，很容易跟当时一起演出的成员打成一片。这并不是什么坏事。但她耳根软，加上大家都知道她是我的女儿，确实也常会遭到别有用心的人的误导或利用。

借由《神奇的爱》，我们把类似的情节乃至结果以虚实相间的方式演过一遍又一遍。慢慢地，无论我还是 Priscilla，心里都有了一些对人，对事，以及对我们之间关系的新体悟。

以 Priscilla 来说，关于对人对事应有的基本认知，她从剧目中最常出现的那句台词中明白到了“眼见未必为实（Things are never what they seem）”。

对于我们的父女之情，Priscilla 也从她说的台词“没有人可以取代我的父亲”和我的台词“听到女儿的呼唤，我要来带她回家”中咀嚼出父女情感的深刻，并因此体察我誓言要拯救她的那种无条件的爱。

当然，除了《神奇的爱》这个剧目，我们的关系之所以能慢慢转好，还因为当时另一个事件。

一次排练时，Priscilla 又遭到我大声指责。因为已经忍到了极点，她哭着大声对我说：“爸爸，我没有自己的梦，我的梦就是去完成你的梦，所以在表演时我不想做的事情，我也都照做了，你还要我怎样？难道你就不能听听我的意见吗？”

那次倒是把我骂醒了！

当我看到女儿的眼泪宛如珍珠般一颗颗落下，又想到她常年来所做的一切牺牲，虽然我很珍惜她那颗愿意的心，却从未说过一句感谢，还经常严厉指责她，如此对她公平吗？

再者，已经长大成人的她，渴望透过自身来赢得外界掌声，不想总被淹没在父亲的光环之下，其实也是个人生命发展的必经过程。这样的要求，确实也不过分。

经过一段时间的反复思考，我决定学习放下自己身为父亲的脾气和坚持。在那之后，我开始采纳 Priscilla 的意见，并且也发现，有时她所提出来的意见真的很不错。

在《视・界》这个剧目中，我首次从主角退到配角，让 Priscilla 以女魔术师之势来独挑大梁。事实证明，只要给她机会，她的表现也确实令人感到惊艳。

如今回头细数这些点滴，我才发现，“为人父亲”

的这门学分，还真的是终身必修。即便如我，已经长年投入家庭、亲子关系等议题的宣讲，在面对关系的经营，依旧要步步为营，秉持一个谦卑学习的态度。

“爱是一个行动的词（Love is an action word.）”我始终认为，对于一段关系的修复，与其在言语上说抱歉，其实更需要用行动做出来。

也就是说，既然过去的伤都已经伤了，痛也已经痛了，一句“对不起”虽然具备一定的疗伤止痛作用，但若是没有通过实际作为让对方看到自己真的有所改变，早年的伤痛依旧无解。

为了Priscilla，我一直都在朝向成为更好的父亲迈进，用行动让她看到我的改变。而她也不断地在学习如何作一个更好的女儿。所有我们共同参与的魔术剧目演出就是最直接的关系磨炼场，在《神奇的爱》当中是如此，在《视·界》里的对手戏更是如此！

< 别让偏见伤了关系

对于生活中的人事物，我们常常都会怀抱着一个假设，而假设本身，则是来自于过去的经验或是个人偏见。

比如，我在你面前做了一个把碗朝下的动作，很自然地，你会假设这个碗是空的。当我把碗翻回来朝上，并且倒出水来时，你的下一个反应可能是“哇！好神奇的魔术”。

但仔细回想一下，我把碗朝下的时候，说过碗里是空的吗？那是什么原因使你会自动认为“假设碗是空的”呢？没错！就是一开始所说的经验或偏见。而也正因为人有认知和心智上的限制，魔术师只要使用一些超越限制的技法，便可达到一个看似神奇的效果，也就是所谓的“魔术”。

因从魔术技法当中得到的体悟，有时我也会回头检计，早年跟Priscilla之所以冲突不断，是不是偏见使然，以至当她的行为不符合假设时，我便会感到难以接受。而且，我也好像很少去检视自己的假设有没有错。

我是一个越接近演出时间，整个人就会越神经紧绷的人。同时我也假设，这样的情绪张力是代表个人对演出的重视。然而Priscilla却不同，即使到了要上台的前一刻，她仍可表现出一派轻松的样子。

我曾为此不满，还指责她说：“你怎么可以这么不紧张？你不紧张就代表你不够认真！”直到后来，我才懂得发现自身盲点和偏见，才慢慢接受Priscilla演出之前Relax这一点，更何况有些事情紧张也没有用。

少了偏见从中作梗，我对Priscilla的要求就没有那么多的应该这样或应该那样……当爸爸不再总是以一个严厉老板的姿态出现，而是能够以用一个真实父亲的角色与她互动时，我们心与心之间便开始有了温暖的爱流动。

剧目介绍

神奇的爱

巡演纪录（统计截至 2018 年 6 月）

2001 年 9 月 - 新加坡

2002 年 5、6 月 - 马来西亚多地

7 月 - 新加坡

8 月 - 马来西亚多地

11 月 - 澳门、无锡、上海

12 月 - 新加坡

2003 年 10 月 – 新加坡

11 月 – 大连、沈阳、天津、无锡、南通、上海

2004 年 3 月 – 马来西亚多地

5 月 – 泰国多地

7 月 – 新加坡

10 月 – 韩国、日本多地

2005 年 4、6 月 – 美国多地

9 月 – 日本多地

11 月 – 北京、上海、广州

12 月 – 新加坡、韩国多地

2006 年 4、5 月 – 美国多地

10 月 – 日本多地

11 月 – 沈阳

12 月 – 新加坡

创作理念

从事公益活动这么多年来，我帮助过不少有需要的家庭。长年下来，我发现很多社会问题的根源，正是来

自家庭的功能不健全。当家庭成员的相处出了状况，如亲子关系不好、夫妻关系失和时，孩子就会无法健康成长，进而出现行为问题。

有感这一令人忧心的现象，加上身为父亲的我，在跟女儿 Priscilla 相处时也碰到过很多冲突，让我因此兴起想用一个剧目，传达“爱是世界上最神奇的魔术”这个理念。

上半场的故事背景设定在新加坡，下半场则是在上海。剧情主要讲述一对长年合作无间的魔术师父女之间的故事。某日，因女儿自认技术纯熟，希望可以在舞台上有个人秀，却未得到实现，开始对父亲产生怨怼。敌人（父亲的前助手，在表演中受伤而记恨在心）随即乘虚而入，以打造个人舞台为由，将女儿骗到上海。

但抵达上海后，女儿才发现一切都是骗局。她开始怀念起在父亲身旁的好，也渐渐明白父亲在自己心目中不可取代的地位。而这样的故事转折，主要是参考故事“浪子回头”。

“眼见未必为实（Things are never what they seem.）

是这个剧目中最常出现的台词，目的就是要提醒大家，不要被眼睛看到的表象所蒙骗——如同女儿被敌人所营造出来的假象而离开父亲一样。

《神奇的爱》是我们的第一部大型魔术剧，2001 年至 2006 年，总计在世界各地巡回演出超过一百场，观众超过五十万人次，是截至 2018 年 6 月，演出时间最长、演出次数最多的一个剧目。

第三幕

从台上的疗愈，到台下的和解

无论曾经多么格格不入，

家人之间的关系仍旧有修复的可能，

因为，爱就是这个世界上，

最神奇的一种魔术！

Priscilla，I SEE YOU!

若说，《神奇的爱》为我和Priscilla的父女关系揭开了一个重要起点，让我们得以完成一部分“外在修复”，那么《视·界》里几场极具张力的内心戏，便是最终协助我们走向“内在和解”的关键。

同样是以父女情为叙事主轴，《视·界》所说的则是比较贴近Priscilla小女孩阶段的故事，因此主场景设定在充满童趣的房间里。

小女孩的父亲由我饰演。他的职业一样是魔术师，他因热衷于魔术工作，而错过到医院见妻子最后一面。小女孩始终认为母亲的死是父亲的错，加上感觉父亲爱魔术胜过于爱她，便从此痛恨父亲和魔术。

《视·界》一开始说故事的方式就切入内心层面，所以剧目中利用了很多道具和魔术桥段，铺陈小女孩对父亲的怨恨。例如，有一幕，父亲因为跟着小女孩进入到她的幻想世界，被小女孩伙同一群玩偶朋友，像警察抓犯人一样，抓走关在笼子里。

幻想世界中的小女孩长大了，由 Priscilla 亲自饰演。看到自己长年怨恨的父亲，终于被关在一个大大的铁笼子时，她痛快极了，还狂妄地对父亲说："这个幻想世界是以我为主，我想怎么样就怎么样。"

然而当父亲尝试指出，她已经被自己的幻想困住时，剧中的 Priscilla 情绪一转，愤怒地指着父亲痛骂："是你，是你把我关在这里，现在轮到你要承受这个后果。"接着，她说出的这句话更伤人了，"我真希望当初死的是你，不是妈妈。”

无论是对剧中饰演的父亲角色来说，或是对于剧目外的我，这话都犹如刀子一般，重重地刺进我的心，又痛又深。而我似乎也是在借由角色，为自己过去在Priscilla青春期阶段的缺席，向她道歉。

透过剧中父亲角色的口，我告诉Priscilla：“你是对的！我忽略了你，自从你妈妈过世后，我就躲进自己的世界，因为逃避比面对悔恨容易……但其实我心里也很内疚，很想念你的妈妈。”我想让她明白的是，很抱歉当初没能及早弥补我们之间的裂痕，但也希望她能认清一件事是“任何的魔术都改变不了过去”。

只不过，她心里面堆积的那么深的怨恨和不满，不是几句话就能一笔勾销的。随着情节的发展，剧目中的Priscilla一度陷落宛如地狱般的内心黑暗世界，自寻毁灭……

“Priscilla, get out.”剧目中的我，被关在笼子里，眼见她就要被自己的心魔毁灭，只能不断喊着：“No! Priscilla, get out now.”要她赶快逃离险境。

Priscilla 不愿照我说的做，随即就再也看不到她了。演出现场的气氛，也跟着陷入一片消沉绝望。

直到剧目中肩负串场功能的芭蕾舞者，再度以翩然舞姿出现。我问她：“你看见 Priscilla 了吗？”芭蕾舞者先是反问我，：“你看见她了吗？（Did you see her？）”然后才一语双关点出：“如果还是看不见的话，那就永远都找不到她了。”

“Did I See Priscilla？”这个问题的确值得深思。

回想在我处于公益事业顶峰的那几年，平均每个月待在家的时间只有几个小时到几天。纵然 Priscilla 站在我的眼前喊一声爸爸，但忙碌的我，即使应了声，可能也并未真正看见她——至少当时我没有看见，一个正处在青春期的孩子。Priscilla 多么渴望来自父亲的引导，并满足她对父爱的陪伴需求。

我相信 Priscilla 也感觉到了自己没有被看见，因此才会在剧目中说："妈妈曾对我说'你永远都不孤单'但实际上，每当我需要爸爸陪伴的时候，爸爸却常常不在……"

曾经不只一次，我和 Priscilla 在表演《视·界》这个剧目时，演到后来两个人的眼眶都红了，甚至几度落泪。

幸而剧目中的我，因为"看见"了 Priscilla，剧目中的她也不想抱憾一生，我才得以将她从虚幻世界带回现实（充满童趣的房间里），并因此有机会走向和解，一起接受了"任何的魔术都改变不了过去（No any magic can change the past）"的事实。

演出的最后，Priscilla 从枕头底下拿出珍藏已久的那颗我在剧目一开始通过魔术变出来给她的金色小球，并聆听我重述最初叮咛的那句话："只要留意看，就会发现其实你并不孤单。”

而金色小球所代表的，正是作为父亲的我对女儿Priscilla的爱。纵使，那份爱一度被遗忘（如同被藏在枕头底下），但其实它一直都存在！

< 爱是最神奇的魔术

为什么所有的魔术表演当中，总是少不了逃脱魔术这一项？尤其是，当魔术师面对的难度越高，如身上的锁链越多、箱子的层数越多，对观众的吸引力就越大。

单从表演的角度来分析，戏剧张力本身就是一种勾动人心的元素。然而，就内心层面来讲，逃脱魔术对应的一个心理现实是，每个人的心里面都渴望有一个奇迹发生，即不管遭遇多大困难，自己终究都有能力可以脱困。

经过长年专业训练，以外在险境为主的逃脱魔术对我而言已非难事。真正困难的是，当心里感觉被锁上一道又一道的枷锁时，自己又该如何挣脱呢？

幸好，有魔术结合戏剧的这门艺术作为心灵出口，也让我和Priscilla长年以来的紧绷关系通过合作演出的方式逐渐得到缓解，甚至是更深入地了解彼此。

日前，Priscilla得知我即将出书一事，便率直地说："将来若要在台上做分享，我第一句话就会告诉大家'我恨我父亲（I hate my father）'。"我笑了。这就是她的个性，天真、不做作，而且说话总是那么直率。

事实上，经过这些年，我们的关系不断修复，虽然还是偶有争吵不愉快的时候，但我有自信，Priscilla在对人讲说"我恨我父亲（I hate my father）"时，下一句就会接着说"如今，我爱我父亲（but now, I love my father）"。

爱是这个世界上，最神奇的一种魔术。它不只让曾经格格不入的我和Priscilla，从彼此对立转变到相互接纳，也将我们一家人的心串联了起来。

从女儿的身上，照见自己

2010年，一个来自全球魔术评鉴团队捎来了好消息——我和Priscilla双双荣获年度魔术师大奖。而在此之前，我们已经默默耕耘将近十个年头。当时为了庆祝获得这项特殊的荣誉，我们特地选择即将跨入2011年之际，在新加坡知名的摩天轮景点旁，进行一个大型的户外逃脱魔术。

首先，我和Priscilla会被关进一个装有炸药的箱子，再由吊车将箱子缓缓升起，挂在20米的半空中。只有3分钟！3分钟之内，我们若是没有顺利逃脱，炸药就会引爆，后果不堪设想。

“10、9、8……”随着现场上千位民众的倒数，时间也来到了两分五十五秒，紧接着，“5、4、3、2、1”。

砰！箱子果真被炸开。

在现场一片惊呼声中，我和Priscilla已经在摩天轮旁边的建筑物向大家挥手，迎接新年度的到来。这项盛举被当地媒体以大篇幅报道。

实际上，逃脱魔术对我和Priscilla来说都并非难事。但不同以往，这次是在户外的半空中演出，对专业布景和人身安全确实是一大挑战。而通常越是在别人眼中看来危险的事情，我们父女就越想去尝试，挑战高难度。

我常跟人开玩笑说，把我和Priscilla放在一起是很危险的事情。当我们两个互问“你敢不敢”时，答案都一定是“我敢”。然后父女俩就一起往前冲。Nina深知这一点，常会适时扮演踩刹车的角色，协助评估安全层面的问题，再放手让我们去落实。

但即使如此，依旧很难完全避免一些魔术本身就具备的风险，所以演出过程中还是得靠一点好运气。

新加坡政府每年都会举办一个“妆艺大游行”的项目庆祝新年，2009年的元宵节，我们参与了这个年度盛事。它是以类似巴西嘉年华的方式，邀请不同族群的人们来表演文化舞蹈，最后到新加坡最古老的政府大厦（现为博物院）广场前的街道进行表演。现场约有十五万人参与，全程都有电视转播，是个非常具有代表性的艺术活动。

为了把握这个重点曝光机会，我们召集了一群受过训练的学生，组成一支三百人的游行队伍，专门表演魔术、舞蹈、踩高跷，以及各种特技杂耍。我跟Priscilla身为专业魔术师，自然是负责压轴演出，除了事先挑战在花车上表演悬浮、逃脱等魔术之外，还在政府大厦前上演一场“火烧逃脱秀”。

在这个表演项目中，双手被铐着的我，站在一个矮平台上，被人用一块黑布盖住，然后倒汽油、点火，紧接着“轰”的一声，一把熊熊大火在众人面前燃烧起来。一两分钟后，火熄灭了，黑布失去支撑，落下，给人感觉魔术师已经倒下。

气氛有些紧张。观众的眼神展露着他们已经迫不及待想知道答案。

接着，黑布被掀开，里面空无一物！“大家好！”众人循着声音来源往上看，发现我已经站在政府大厦的顶楼，接着吊车缓缓把我垂落于地。现场响起了一片热烈掌声。

看似短短几分钟的演出，背后承担的风险却不小。

首先，必须先确认这块黑布的质量要够好，能禁得住大火燃烧，否则汽油一倒、火一点，我恐怕就被烧到重度灼伤。况且即使黑布暂时耐火烧，仍旧有十几秒的时间，在黑布里的我必须忍受瞬间高温，风向万一不对，还是有可能会烧到身上。

顺利逃脱后，我又以百米跑速度冲到五楼的顶楼。

最后，还要脸不红，气不喘地优雅亮相。

大概是很少有魔术师年过半百还这么大胆拼命。一位 Las Vegas 魔术大师得知我们这些行径后，给我冠上了一个“魔术界的成龙”的称号，挺有意思的。

至于 Priscilla，常常也是为了追求最好的魔术演出而冲劲十足。例如，有一回在外国表演悬浮魔术，因为道具临时出了一些状况，导致悬浮在半空中的她，突然摔落到地面。

当下我赶紧跑过去，以为她八成会痛到无法继续演出，但她却小声地对我说：“爸，快，再把我放上去。”等到表演一结束，到了后台，她的眼泪才掉下来，因为真的非常非常痛！

另外，跟我一样喜欢寻求创新突破的她，前阵子主动提出想穿戴降落伞，并在身上绑一颗大石头之后，从飞机舱内一跃而下，表演在几秒钟内的逃脱魔术。这真是一种不怕死的精神！我也带她去 Las Vegas 向魔术大师请教，一起研究如何在确保安全的情况下完成这项魔术。

“若你坚持要这么做，技术上当然可以，但是我要劝你，还是尽量不要做！”那位魔术大师向Priscilla解释说，“为什么我要这样劝你呢？Priscilla，当我到你的葬礼的时候，我至少可以问心无愧，因为我告诉过你不要尝试这个魔术的。”

听到国际大师这么一说，我马上投反对票。虽然我个人向来不怕死，却无法接受女儿会因此有个万一，所以说什么我也不答应。

但无论如何，我还是对于Priscilla勇于在魔术表演上寻求自我突破感到骄傲和欣慰。尤其是她原先对魔术一点兴趣都没有，大概是后来听我分享表演魔术背后的正向意义，才体会到原来魔术不只是魔术，还能用来传达一些深刻哲理给观众，也因此有了学习的热忱。

放眼未来，基于传承的思考，我也会慢慢在剧目中增加Priscilla的戏份，希望大家拭目以待！

< 信心就是一种力量

一次，我受邀前往新加坡当地一所儿童医院进行探访。当我看到一个个或躺或坐的患癌孩子们，有些因为正在接受化疗，没了头发，有些则因为疾病之苦而眼神空洞，我的心里实在很不舍。

“那就变个小魔术，带给他们欢乐吧！”内心有个声音这么告诉我。

我熟练地伸出十根手指头，在他们面前晃动，证明两手空空。接着，冷不防地从指缝间变出一颗小球。“哇……”在病童们的赞叹声中，我陆续变出了第二颗、第三颗……至今我永远都忘不了，孩子们观看魔术时，眼睛为之一亮的惊喜表情。

至于我当时为什么会选择表演“变小球魔术”给孩子们看？原因是，我在学习这个魔术的过程中发现，虽然以技法而言，从手中变出一颗颗小球，运用的只是简单的障眼法原理，却十足考验魔术师的信心。

关起门来一个人练习，跟在外面表演是很不一样的。魔术师站到广大的观众面前，若是心里感到紧张和恐惧，手一不稳就会露出破绽。所以表演一定要非常熟练，同时对自己具备自信心，以免慌了手脚。

信心，就是一种生存的力量。孩子们在观看变小球魔术的过程中，或许无法明白如此深刻的道理，实际上我却已把祝福传递给了他们！

另外，我也很喜欢那种从手里变出一颗小球、两颗小球、三颗小球，一直到很多颗小球在手中转啊转的感觉。可能是因为那种源源不断的创造感，总是能带给人一种希望，而且不孤单。

正如同，在推广魔术和公益的这条路上，除了女儿Priscilla一路在我身旁学习，未来传承有望，随着外孙Isaac逐渐长大成人，开始慢慢接触魔术，也都宛如“变小球魔术”一样，让爱的魔术种子绵延不绝地生出来和撒出去。

那些年，我想教给孩子们的事

我常告诉人家，我的魔术是一台戏，不是一个特技。但近年却发现，我的魔术不只是一台戏，更是一堂撼动人心的亲子课。

我向来认为，亲子关系是所有的关系当中最难的一种，但凡涉及血缘，就已不如婚姻那样用一张证书就能终止。另就整体时代面向的观察，我也注意到，无论哪个国家，目前遇到的棘手难题就是家庭结构的瓦解，以至社会问题层出不穷。

以我本身来说，作为一个父亲，我所遇到的最大困难，并非不知道该如何教导儿女，而是卡在世代差异所产生的沟通障碍上。幸好，在这十几年借表演的机会与女儿进行思想沟通，教导她一些人生的哲理，我们的关系才终于有所突破并好转。

我深信自己的困难也会是全天下父亲会碰到的难题。而我想教给 Priscilla 的功课，也应该会是全天下父亲都想教导孩子的功课。所以我将这样的内容以魔术加戏剧的方式来呈现。这样不仅可以吸引年轻的孩子，又可以达到教育的功能，十分有意义。

而除了通过共同演出来深刻互动，我也经常借着带 Priscilla 投身公益魔术的方式，使彼此心连心。

我们曾分别在中国和新加坡举办魔术课程，其中又以 2003 年在沈阳农业大学的推广最成功。当时考虑到教导的对象是大学生，我事先精心挑选了十个小魔术，以便让他们可以在短时间内就能上手，而且这些魔术当中，部分还带有激励意义。

比如，三条不同长度的绳子，一条很长、一条很短、一条适中。六个端整理起来，一拉，三条绳子变得一样长，但再把三条绳子分开时，绳子还是长短不一。

借由这个小魔术，我告诉学生们，千万不要因为在某些方面不如他人（如三条绳子当中的短绳），就以为自己很没用。实际上，每条独立的绳子都如同一个独特的个人，自有其用处，只要多元发展，还是能够与其他人旗鼓相当。

我们也教他们一些简单的扑克牌表演，有时团体教学，有时个别指导。正式上课之前，我也会特别交代学生们，学会十个魔术之后，千万不要告诉别人个中奥秘，因为会破坏人们对魔术的欣赏，那就可惜了。

课程结束之后，我们安排他们到当地一些机构担任志愿者，通过免费演出的方式来验收学习成果，也为弱势机构的人们带来欢笑，一举两得。在此同时，我们也会带着学生们反思过程中的所见所闻，以及得到的生命启发，让他们收获全人式的增长。

我们也将类似的模式复制到上海的一个公益组织，一样帮助年轻学员们去思考，在魔术公益演出的过程中，学到了些什么？看到这些老人或残疾人士有什么感想？这对他们以后看待生命的态度又将产生什么改变？……虽然当时学员们分享的细节已不复记忆，但那一股深深的感动，至今仍烙印在我心。

推广的那段时间，正巧碰上汶川大地震，复制我们的上海公益组织被委任投入赈灾工作，学员们就用这些魔术抚慰灾民们的心。近年，评估公益魔术的回响极佳，我们已计划在中国深圳等地推广类似的公益魔术，将更多的爱和欢笑传递出去。

曾经有人问我，自己从十岁开始学魔术，加上后来又要教学生魔术，不断重复演练相同的魔术技法，难道不会有感到厌烦的时候吗？

对此，我的回答是："教导学生时，我都会强调把魔术做好的关键，不是practice、practice、practice，而是perform、perform、perform。"意思是，无论是在人前或人后，每次的魔术呈现都应该被视为一次演出，而非单纯地练习。

练习和表演最大的差别在于，前者只是一种技法上的重复动作，但表演却包含了魔术技法和整个人的完全投入。至于你说，这在观众看来有什么差别呢?其实差别可大了，尤其是在眼神。

当你下次观看魔术时，不妨特别注意一下，一个真正成熟的魔术师，除了技法有如行云流水般自然，脸上的表情也会很到位，甚至引人入胜。反之，一个专业度不够或自信心不足的魔术师，可能会因为没有信心而露出破绽，会给观众心虚的感觉，魔术的可看性自然差了一大截。

因此，若说我想透过《神奇的爱》或是《视·界》这两个剧目，传递给孩子和他们父母的重点价值观是“珍惜亲情”，那么借由公益魔术的授课，我尝试教给孩子们的一堂人生课则是自信。

小时候丧父之故，加上母亲的高压对待方式，一度让我的人生从天堂掉到了地狱。即使从外人眼中看来，我仍旧一副活泼自信的模样，但我的心里却很自卑。

幸好，如同在自序中所言，我后来因为接触到魔术，才慢慢从变魔术当中找到自信。当时我就在心里默默告诉自己，未来也要用魔术为他人的生命注入欢笑，或是帮助跟我一样曾经退缩的孩子，走出生命中的困顿和低潮。

放眼将来，只要一有合适的机会，像是有如学校等合作方出现，我们就会继续做下去，帮助更多的孩子们重拾自信。

< 透过潜意识的感染

很多的价值观都是从潜意识里面带出来的。

就拿我和Priscilla在《神奇生日会》的一句介绍词来说。初登场时，我们就如在表演对口相声似的，我先伸出手臂迎向Priscilla，对大家介绍她是“我的女儿”，接着换Priscilla以相同动作介绍我说“我的爸爸”。

原先设计这个桥段时，只是想单纯强调我们是父女的组合，没想到有次Nina坐在台下当观众，跟着大家一起散场时，却惊喜地看到，有对父女一边互相搭肩，一边仿效台词对彼此说“我的爸爸”和“我的女儿”。

听到Nina的转述，我的心里很是感动。我也因此体会到，原来想通过一个剧目发挥正向影响力，未必是要直接在台词当中，劝告世人要做一个好爸爸和一个好女儿，以免讲多了反而像是在说教，招致反感。

若用实际的行动，自然展露我和Priscilla之间的父女情，观众在毫无戒心的状态之下看到，反而更能烙印在心。

用公益传承爱的精神遗产

若要问，父亲留给我的最大潜意识教导是什么？大概就是公益慈善了。

或许是他的年纪比我母亲大二十多岁的关系，自我有印象以来，父亲在我眼中就是一个慈父的形象，即使陪伴的时间不多，但一有空，他就会把我放在大腿上搂着我。一次，好动的我从高高的床铺上一跃而下，撞伤了额头，父亲非但没有责骂，反而一个大男人，还每天为我细心敷药。那画面我至今都忘不了。

我还记得，父亲生意很大，在我十岁以前，我都是跟着父亲坐汽车一起出门。司机一般都是先把父亲送到公司，再载着我到学校去读书，一如电视剧中所演的情节。下车之前，司机还会从驾驶座跑到后座为我开门。接着，我才会在同学们的注目礼下，背着书包大摇大摆地走进校门，好不威风！

爸爸一直被我当成心目中的英雄！不仅仅是因为他有能力提供高档生活给我们，还有他那乐善好施的助人精神。据我所知，他还担任过公益协会主席。

虽然父亲很早就从我的生命中离开，过世得早，且基于某些特殊原因，身后并没能留下多余财产，供我们持续过好日子。但他通过持续不断地助人行动，无意间传承下来的“爱的精神遗产”，却就此丰盛了我的人生，直到如今。

潜移默化之下，我从学校毕业后，就开始积极投入社会服务工作，也在与小区民众接触的过程中发现，所有的社会问题都是环环相扣的。比如，当你深入了解一个问题孩子时，便会了解到他有可能其实也是家庭问题下的受害者。

当时为了将服务对象从小孩子涵盖到长者，我开始召集一群有相同理念的有力人士，并于 1992 年成立了非营利慈善组织“触爱社会服务”。

针对孩子的社会服务，我们的做法是开设幼儿园。除了教导孩子们树立正确的生命观和价值观，也会特别把有缺陷的孩子跟一般孩子安排在同一个班级，让孩子们学习互相接纳和帮助。

针对长者的部分，我们的做法则是在小区找资源，建立一个互助的生态系统。举例来说，为了推广给长者的送餐服务，我们先在小区找到一个大型厨房负责供餐，再号召志愿者协助送餐，有时兼做探访工作，估计每周有两三千人次受惠。

送餐的对象有些是独居老人，有些人的子女白天去上班，没人煮饭给他们吃，总之，只要是我们力所能及，都会接手协助年轻人来照顾他们的父母，让他们无后顾之忧地在外拼搏。后来我们结合科技手段，为独居长者家中安装远程系统。若是他们不小心跌倒，按一下键就能联系到我们设置的老人服务中心，寻求紧急救援服务。

在服务这些长者的过程中，发生过很多令人动容的小故事。其中一个令我印象最深刻的是，多年前，曾从工作人员口中听到，有一对年约七八十岁的老夫妻，感情好到形影不离，也经常手牵手到老人服务中心参加活动。但后来不知道为什么，工作人员再也没见到老夫妻的身影，担心是不是发生了什么事，便亲自到他们的家中进行探访。

按了门铃之后，前来应门的是老太太，但她神情憔悴。经过工作人员的关切和了解，才得知老先生已经在 2 个月前过世。老太太因为心里哀伤，加上少了老先生的陪伴，便开始把自己封闭在家里，哪都不想去。

工作人员很是不舍，除了安慰老太太，也鼓励她要尽量外出接触人群，才能尽快走出丧夫之痛。或许是被大家的关心和爱心所感动，那次的探访之后，老太太不仅又开始参与老人服务中心的活动，还主动加入志愿者行列，从一个受助者变成一个助人者。看到她的转变，我们都被她所激励。

而实际上，无论是长者的陪伴议题，还是孩子的教养议题，最终都还是要回归到“家庭价值的重建”及“家庭结构的稳固”这两大基本主轴，才是解决众多社会问题的根本之道。

放眼当今主流媒体所播放的那些电视剧或电影里的情节，经常把婚前性行为视为常态。我忧心的是，目前普遍存在于社会的那些似是而非的观念，若是迟迟未被正确引导，年轻人带着错误的观念走进婚姻，将来也只会打造出一个脱序的家庭，进而引发更多社会问题。

有鉴于此，我们的公益事业很早以前就将触角延伸到婚姻辅导。为了主动出击，我们每年都会举办一个为期七天的“家庭日活动（Family Festival）”，主动安排一些知名的教育或心理专家，利用中午吃饭时间，前往各商业大楼举办半小时的讲座，主题涵盖婚姻问题、亲子教育等，受到很多好评。

我们也提供婚姻辅导的服务，有需要的民众可以选择用电话咨询，也可以预约现场一对一或一对二（偕同伴侣）的婚姻辅导。由于推广成效很不错，新加坡政府也开始效法举办家庭节，同时也提供补助给我们，并鼓励所有到婚姻注册局办理登记的新婚夫妻，先接受我们的婚姻辅导。

我们还有另外一方面工作，是关于青少年的网络戒瘾辅导，这个经验尤其适合被引进中国。之前曾有一位在深圳的教授好友告诉我，根据他所做的调研结果发现，在中国 1990 年后出生的孩子，普遍面临八大问题：1. 无爱症（指不懂得如何去爱人）；2. 恋爱受挫折；3. 选择混乱；4. 社交恐惧；5. 性困扰（指滥交）；6. 恐婚症；7. 忧郁情绪；8. 不想长大。

综观上述这八点，或多或少都跟当今的网络成瘾有关。特别是当孩子们越是缺乏爱人与被爱的能力，同时又有社交恐惧，自然会越倾向在网络世界中得到满足，而当一个人越是依赖网络上的虚拟社交和情感，就更难在现实世界中与他人建立关系，长此以往变成恶性循环。

或许有人会觉得，我所描绘的境界太过理想。实际上，如同当初决定投身娱乐圈的想法一样，无论是面对公益事业还是魔术事业，我始终相信，只要愿意以一已之力，撒下爱的种子，终究会有开枝散叶的一天。

而且如同父亲借由热心公益的身教，在无形中成为我的典范一般，我也衷心期盼自己努力为这个世界美好价值奔走的身影，能够成为儿孙们眼中的骄傲，并因此乐于继续传承爱的精神遗产，让爱的接力赛永不中断。

同时我也深信，哪天在天堂与父亲相会时，他会竖起大拇指，对我说：“小雄，做得好！（Lawrence，well done！）”

< 守护绝对的信念

孟子曰，“不以规矩，不能成方圆”。身处这个充斥着似是而非观念的世界，尤其需要有绝对真理的引领，人性里的狂野被疏导，才不至于自取毁灭。

想想看，若是全部人类都跟随着后现代主义的思想，打着“多元”的旗帜，想怎么样就怎么样，那世界的运作体系岂不大乱吗？

这种令人忧心的脱序现象，已经可在各大新闻媒体中看见。曾有一则新闻报道，有个就读中学的孩子，疑似因为不满父亲将手机丢到窗外，愤而从楼上一跃而下，并因此身亡。

面对这样的新闻事件，网友的反应两极分化。有人批评父亲的教养方式太极端，有人则主张真正应该被同情的人是父亲，因为十多年的教养之恩竟然比不上一部手机……

在此姑且不论父亲的教养手段是否适合，若我们试着以“生命是宝贵的”这个信念去思考，或许就能比较清楚分辨出，这个孩子以极端行为来拥护欲望的方式，确实已经脱离了合理的价值范畴。而这便是我所创办的慈善组织把青少年的网络戒瘾辅导列为重点执行项目的原因。

唯有正确的信念和价值观，才能协助个人找到正确的生命定点，并且在这样的基础上，活出一个成就自己也造福他人的人生。

剧目介绍

视 · 界

巡演纪录（统计截至 2018 年 6 月）

2011 年 7 月 - 新加坡

2013 年 9 月 - 新加坡

2014 年 10 月 - 上海

2015 年 7 月 - 新加坡

创作理念

以美国知名绘本作家莫里斯·桑达克（Maurice Sendak），在1963年出版的绘本《野兽国》（Where the Wild Things Are）为叙事基底，结合我和Priscilla的真实版父女冲突，《视·界》是我们在魔术表演层次上的一大突破。

2011年首次演出，就打破了新加坡滨海艺术中心的票房纪录——卖出九成以上的票，而且还在两周内连演了十多场。2015年再度演出时，售票率更是直冲九成五。

票房佳绩的背后，是我们重资集结各大国际团队的用心。曾与小甜甜布兰妮、麦可杰克逊，以及魔术师戴维·科波菲尔多次合作的艾美奖得主Don Wayne，担任视觉与魔术顾问；曾任孙燕姿、张惠妹、F.I.R.等音乐总监的新加坡音乐制作人Kenn C，负责配乐和音像特效；剧本与导演则是由获得数次大奖的Samantha Scott-Blackhall担纲。幕后的工作人员总计超过一百位。

华丽的舞台布置搭配 3D 投影的效果；大型舞台道具加上一百件炫目服装；从华丽的跑车到高达十四米的巨型滑梯，《视・界》舞台的制作呈现了高超的艺术水平，完全不比国际级的逊色。

演出后，媒体也给予了高度评价，尤其是对 Priscilla。她在这个剧目中的戏份很重，魔术表演也是以她为主轴，因此赢得外界的肯定，我也以她为荣。更重要的是，通过剧目对于父女冲突的内心刻画，我和 Priscilla 才有机会真实展露出彼此的情感和想法，并慢慢走向和解。因此非常适合正苦恼于亲子问题的民众一看，而且适合合家观赏。

同场加映

Priscilla（邝保恩）

I hate my father!
But now, I love him.

“我躲在自己的世界很久了，我不想遗憾一辈子……是时候该走出来了！”——《视·界》

说实话，我压根儿都没想过，自己有一天会成为一名魔术师！

记得小时候，每当看到爸爸在家庭聚会场合用魔术娱乐亲友时，我的心里都没什么特别的感觉，也从来不曾对此感兴趣。高中毕业时，本来打算先读个商学相关科系，再慢慢摸索自己未来想做什么，后来因为爸爸创立佳伟传媒公司（Gateway Entertainment），我成为了助理。

这个工作的内容很有趣。我除了要负责一些如道具、布景、倒茶水、帮演员治装等工作，同时也是爸爸的魔术表演助手。了解我个性的人都知道，我原本就是很有表演欲的人，也喜欢搞笑、追求刺激，以及挑战新鲜事，所以协助担任魔术助手一点都难不倒我。

当时完全没料到，虽然跟爸爸一起登台表演并不困难，但配合工作产生的必要互动，对我而言却是一大考验。尤其是出国巡演期间，每天一起生活、一起工作的全天候相处，更是让我一度快要喘不过气来。

其次，世代差距所造成的观念差异，也是我们经常发生冲突的原因。在我眼中，爸爸的很多想法都很古板，跟不上时代。然而，当我想表达自己的看法，却又会被责骂不懂事、不明白真理，等等。因此有一段时间，他连听都不听我的想法。

这样的矛盾逼得我快要发疯，加上想起中学时期，常常陪我玩的爸爸更是经常不在家，让我饱尝没有父爱的孤单，新仇加旧恨，导致我在工作上也常跟爸爸直来直往地讲话，丝毫不想让步或受委屈。

因此曾经有几次，爸爸在生气的时候会说："如果你不是我女儿的话，早就被开除了！"听到他这么说，我通常也会不服气地想："哼，如果你不是我爸爸，我早就离职了！"

但事实证明最后不仅我们谁也没离开谁，还变得越来越亲近。

我们的关系是一点一滴，慢慢地修复的。

起点是从爸爸愿意无条件接纳我怀孕的这件事情开始。得知怀孕的时候，我们正好在中国巡回演出。当时我是因为孕吐、很不舒服，担心会不会怀孕，于是趁着演出前到药店买验孕棒。在看到两条红线（代表可能怀孕）的一刹那，我的脑海中便立即浮现“完了”这两个大字。我不知道该如何开口向爸爸妈妈坦承这个事实，心情非常复杂，也做好了最坏的打算。当时我的想法是，若是家人反对，那么顶多我就靠自己的能力独自把孩子抚养长大。

养孩子事小，那时真正令我感到不安的，是担心自己未婚怀孕的这件事情会让已经在新加坡很有名气的爸爸的名声遭受严重打击……

但后来又想到若选择隐瞒，肚子终究会一天天大起来，与其拖到不能再拖，不如趁早面对现实。结束中国巡演，返回新加坡的晚上，我试探性地敲了妈妈的房门。“妈，我有事要告诉你。”我深呼吸了一口气，鼓起勇气接着说，“我怀孕了！”

“什么？你怀孕了？”在追问了我一些实情之后，向来坚强的妈妈当场流下了眼泪。我也跟着难过地哭了。

随后，妈妈找来爸爸一起商量。爸爸听到我说怀孕了，先是气得将我痛骂一顿，然后夺门而出，留下我和妈妈杵在原地。实际上，我早预料到会是这样的场面，甚至已经做好要被赶出家门的准备。

隔日一早，当我抱着聆听最后被判刑的心情，慢慢走到客厅时，爸爸妈妈已经坐在沙发上等我。从他们憔悴的神情看来，想必是一夜都没睡。

“Priscilla……”先开口的是爸爸，他先是教导我必须认错，接着口气便转为温柔地说“我爱你，不管你犯了多大的错，永远都是我的女儿，我跟妈妈会陪着你把孩子生下来。”

这话可把我听傻了。心想，按照一些高道德标准父母会有的反应，加上后续爸爸又要承受那么大的社会压力，他没把我赶出家门，已经很不可思议了，现在竟然反过来安慰我，说无论如何他都爱我，这简直是太神奇了！

面对爸爸无条件的接纳，我强忍的坚强，瞬间倒塌。“爸爸，对不起……”冲入爸爸怀中放声哭泣。那一刻我终于重新感觉到儿时被爸爸呵护着的温暖。

当我们全家人决定一起去承担这件事情之后，其他的难题也接踵而来。当时掀起的最大风暴就是我事先担心的，有关爸爸的名声问题。外界普遍质疑，爸爸作为一个长期以推广家庭和婚姻价值为主的公益慈善家，怎么会让自己的女儿发生这样的事情？

每当我看到或听到这些责难时，就感到十分痛心和自责。明明是我自己一时大意犯的错，怎么到最后却是爸爸在承受外界批评？这样对他似乎不公平。

而也是在历经那次的事件过后，我才真实体悟到，纵使成长过程中爸爸曾缺席好几年，但他还是一样爱我，呵护我。那种爱的程度甚至远远超越他内心的恐惧，以至于他愿意为我挺身面对外界的风风雨雨。

九个月后，随着临盆时刻到来，我才发现当时的自己，一个二十岁的女孩，并没有想象中的坚强。

首先，我在医院花了十六个小时才生下Isaac。过程中的痛楚远超想象。孩子出生后的第一个月，夜以继日的哭闹情况更是让我慌了手脚也无法好好睡觉，整个人一度快要崩溃。

幸好，有爸爸和妈妈作我后盾。他们不只在经济、日常照顾等方方面面提供协助，而且在Isaac长大一点之后，我开始恢复和爸爸出国巡演的工作，妈妈因为常要陪着我们出国，家中其他的兄弟姊妹、外婆、叔叔和婶婶就会帮忙照顾Isaac，让他在家族的爱中快乐长大。

从女孩升格为母亲，变化来得很突然，但我仍尽力去适应和调整。也因为平日陪伴在Isaac身边的时间有限，使我更加把握能够相处的机会，尽力扮演起一个好妈妈的角色。所以爸爸也常在别人面前说："Priscilla是一个好母亲，因为她有一个好妈妈为榜样。"

实际当了妈妈之后，才体会到父母为难，这也使我变得比较能够站在爸爸妈妈的立场来想事情，以及理解他们的用心。虽然早年在演出《神奇的爱》期间，我和爸爸常为了表演方式和相处问题，时而争吵不休，但随着一次次的公开演出，我内心的委屈和不满反而透过台词的表达有了合理的出口。

回归现实生活，我也慢慢注意到爸爸的改变。最明显的就是，他开始采纳我的意见了。同时，他也更加愿意为我打造独立的表演舞台，像是在《视·界》的表演中，就让我以一个女魔术师的身份独挑大梁。我首次在新加坡演出就引起轰动，而且广受各大媒体好评。

我很高兴，但也深知道这一切的肯定。并非单单来自我个人的努力。若不是妈妈的协调，爸爸愿意采纳意见，同时斥资引进优秀的国际舞蹈团队为演出阵容加分，即使我的魔术技法再好，也无法打造出国际级的演出。

我尤其感谢爸爸，他是我魔术师生涯中的启蒙导师。与他共事这么长的时间以来，我所学习到的早已不只是魔术的技法本身，更多的是，他赋予魔术的那种深深的爱，以及无限的热忱。

我永远也忘不了，当我陪着爸爸一起到各大校园或机构推广欢乐魔术的公益活动时，他那种把年轻学子当自己孩子般教导的身影，常常令我莫名感动。

借由这样的过程，我也学习到，魔术应当不只是一种技巧展示，也可以是一种说故事的方式——我和爸爸持续透过一个个剧目在表达，就是关于“父女情”的故事——借此帮助其他遇到亲子问题的家庭，也能从中找到和解的力量，并用行动展现对彼此的爱。

如同在《视·界》中，我所说的那句台词：“我躲在自己的世界很久了，我不想遗憾一辈子……是时候该走出来了！”我很庆幸能在自己还算年轻、爸爸还没太老的时候，选择走出内心的怨怼，进而真实表达对他的爱，让我不至于在未来后悔“没及时把爱说出口”。

因此，若你是在十几年前问我对爸爸的感受，说话向来率直的我，一定会毫不犹豫说：“I hate my

father！”没有第二句话。反观如今，若再提相同的问题，虽然我的响应一样快速果决，但答案已经不同。现在的我会说："我爱我的爸爸，而且很以他为荣（I love my father！ And, I am so proud of him.)"

因为，爸爸用行动让我真实感受到了，他对我的爱一直都在！

如果旋转木马代表着“信心”、摩天轮代表着“盼望”，

那么金色小球就是“爱”的象征了。

曾经，小 Lawrence 以为，一旦信心没了，盼望消失了，

爱，就会跟着失去，但实际上并没有。

而且历经魔术这门磨炼人生的艺术，

他也终于明白，当信心、盼望都暂时消失时，

只要还有爱，人生的欢笑乐园就会再现！

因此，如曾经在梦里出现的那人所说的：

“只要留意看，就会发现其实你并不孤单……”

这句话其实只说了一半，目的就是要留待小 Lawrence 自己找答案。

如今，答案找到了！

“只要留意看，就会发现其实你并不孤单！因为，爱一直都在。”